令和と霊咊の日本的霊性

飛騨の密教行者が語る
自由の菩薩と弥勒の世

著 林久義

咊
崇仁

日本の国御霊に目覚めるあなたに捧げる

目次

第二章　神仏習合　日本的霊性の「味」

第三章　般若心経から深まる日本的霊性

第四章　自由の菩薩と弥勒の世

はじめの一歩

菩薩の請願 梵鐘勧進活動

日本は、令和の新しい時代になりました。私は昭和、平成、令和の三つの時代をまたぐ世代です。その昭和時代に、何人かの明治生まれの先達の方々から道を示していただく貴重な機会を得ました。私は昭和のバブル経済時代に梵鐘を作るという誓願を立て、浄財を募って全国を行脚し、勧進活動を行なった経験があります。この梵鐘勧進の誓願は、三年の時間を経て成就することができました。これは、私自身の菩提心を形に現すという行でもありました。

私の師**タルタン・トゥルク・リンポチェ**はチベット生まれの転生ラマです。師は三五歳の時、西洋に仏教を伝えるという菩薩の誓願を立て、一九六九年にアメリカに渡り、一九七五年より生徒たちと共に北カリフォルニアの山奥でチベット仏教のお寺、オディヤン寺院の建築を始めます。アメリカ独立建国以来のフロンティア精神は西部開拓へと続

タルタン・トゥルク・リンポチェ
1935年、東チベットゴロク地方に生まれる。幼少の頃、ニンマ派六大寺院の一つペユゥル・タルタン寺院の転生ラマと認められる。1969年渡米以来、西洋への仏法伝道を行なっている。またインド仏教復興運動に精力を注いでいる。

き、ネイティブアメリカンが亀の島と呼んだ大地は、常にチャレンジの場でした。タルタン・トゥルクもこの地に仏法を伝えるというチャレンジ精神を以て、菩薩の誓願を果たすためにアメリカへ渡ったのでした。

私は一九八四年に渡米し、オディヤン寺院の建築作業に参加しました。ここで私は自身の人生を開く非常にユニークな体験をします。八〇年代当時のオディヤン寺院の生徒たちは全員西洋人でした。アメリカ人の気質は、今もカウボーイの世界です。西部開拓の酒場で酒を飲み、相手が気にくわないとピストルで撃ち合う。もちろん今は弾を撃ち合うのではなく、エゴの言葉で心をグサッと撃つのです。私はアメリカのチベットのお寺に、エゴを捨てに行ったはずなのですが、エゴに直面し辛い思いをしました。同時に、エゴを捨てるためにはまずエゴを確立する重要性を確信しました。これは**トランスパーソナル心理学**の理論に、前個的なレベル、個のレベル、個を乗り越えた超個のレベルという三つの段階が示されますが、エゴを乗り越えるためには、まずはエゴを確立することの必要性を身をもって実感したのです。

オディヤン寺院での仏道修行を通して、私は自分自身の心を深く見つめ、瞑想と実生活を通して煩悩や自我に向き合い、それを乗り越える訓練によって心が透き通り、心が透き通るから更に周りがよく観え、その体験が積み重なるように修行が深まっていきました。

トランスパーソナル心理学
人間性心理学を発展させ、ヒューマンポテンシャル運動・ニューエイジの人間観を取り入れた心理学。

そして、ハッと気付いたとき、心の中に輝く光明が高揚感と交わり、その輝きが一つの大きなビジョンとして湧き起ってきました。

タルタン・トゥルクは西洋のカリフォルニアに**西方浄土**の仏国土を今生に造りたいというビジョンを抱いて、チベットからアメリカに亡命されました。オディヤン寺院はカリフォルニア西海岸の山上、太平洋を見下ろすことができる場所にあります。そこから見晴らす太平洋に沈む夕日の光景は、まさに西方浄土です。

そして「日本で生まれ育った私が、カリフォルニアの地から太平洋に沈む阿弥陀の浄土の夕日に手を合わせ、その日本に沈む夕日の向こうにチベットがある。そのチベットから師が西廻りでアメリカに仏法を伝え、そして今、私はカリフォルニアで仏国土を建設している」と、このような西方浄土のビジョンがぐるぐると地球を回り始め、「果たして西方浄土とはどこにあるのだろうか」と更にビジョンが広がり、「今、ここで自分が立っている場が仏国土に他ならない」と思い至ったのです。その時、過去から未来につながる深い仏縁を感じ、震えるような歓喜の感覚が湧き起こってきました。

その歓喜の感覚が「アメリカと日本、西洋と東洋のダルマのかけ橋になりたい」という私の菩薩の誓願の確信に至りました。私はアメリカのエゴを嫌いますが、彼らの自由さ開放さが大好きです。そんなアメリカに、日本の心、精神を伝えたい。日本仏教の精神性、霊性を伝えたいという大きなビジョンとして広がっていきました。

西方浄土　此岸から十万億土西方に行った処にある浄らかな阿弥陀仏の極楽浄土。浄土三部経に説かれる。

タルタン・トゥルク・リンポチェ

オディヤン寺院現在全景　右上チンタマニテンプル（上）

７０年後半建築途中の本堂（左）1984 年オディヤン生徒たち（右）

日本の文化が醸し出すす精神性、霊性は、アメリカという成立ちが違う数百年の歴史とは全く異なるものがあります。日本人は謙虚なので、その心を表に出すのが苦手なのですが、今の時代だからこそ、日本人が自分自身の文化や霊性を正しく見つめ直し、自信を持って世界に発信することが、日本人の役割ではないかと思い至ったのです。

そのビジョンは具体的な形として醸し出され、梵鐘というビジョンとして開きました。梵鐘は法具の一つであり、ダルマの重要なシンボルです。大乗仏教の内にある密教には、法身、報身、応身と三つの存在のレベルがあります。法身のレベルでは梵鐘は全くの空です。しかし、報身のレベルでは目には見えませんが、ゴーンと音が鳴り、その響きが伝播します。そして応身のレベルでは、梵鐘という仏教美術の法具として存在します。また、インドから中国、日本に仏法が伝播する**仏法東漸**というお釈迦様の予言「仏法は高きから低きに、西から東に伝わる」というビジョンの具現と相合わせて、「梵鐘をアメリカに寄贈したい」という誓願が、このビジョンの中で広がり、私は仏教徒として生きぬく確信を得ました。

チベット仏教ではラマの生き方に二つの道があります。一つは、出家僧としてお寺の中で学問の勉強と祈りを深める道です。もう一つは、世俗に入り社会の中で、世間の人と同じ暮らしをしながらも（同事）、世俗に染まることなく欲を離れてダルマの道を求める（出離）。この同事と出離の気持ちを持って、菩薩の道を歩むことが社会の中で生きる道です。

仏法東漸
釈尊の予言「仏法は高きから低きに、西から東に伝わる」という意味。

この菩薩的生き方が本書のテーマ、霊性の確信となります。

一九八六年、私はオディヤン寺院から日本に帰国し、何のあてもなく勧進活動を始めました。その時、**香取正彦**先生という人間国宝の梵鐘づくりの名人の存在を知り、アポイントメントを取ってご自宅を訪ね、「梵鐘を作りたいです」と相談しました。香取先生は「変わった若者じゃね」と仰りながらも、口径三尺の梵鐘が黄鐘調の一番いい音がすると教えてくださり、私はその口径の梵鐘を作る事に決めました。香取先生のご紹介で富山県高岡市の梵鐘作りの老舗、老子製作所にて三ヶ月間工場に住み込んで、梵鐘作りを学ばせて頂きました。その後、東京を拠点に活動を始めたのです。

梵鐘勧進を目的に、浄財を喜捨していただくため、全国を行脚しました。当初一年半は本当に虚しい時間を過しましたが、その時に、いろいろな方々にお会いする機会がありました。出会う方々に「アメリカのチベットのお寺に日本の梵鐘を寄贈したいので、浄財を喜捨していただけませんか」とお願いしますが、十人中九人からはおかしな事を言う人と思われていたようです。しかし、その内一割の方々からは「面白い人ですね。頑張ってください」とご支援と協力を戴きました。

最終的には、百二十の個人団体様から喜捨を戴き、高さ六尺、口径三尺、重さ一トンの梵鐘を形にすることができました。日本仏教の本山クラスの寺院や有名な神社からもご支援いただきました。そして、飛騨高山を皮切りに全国九ヶ所、高山、奈良東大寺、天河弁

香取正彦
1899〜1988
東京出身。鋳金工芸作家。人間国宝。広島平和の鐘など梵鐘百点製作。

財天社、高野山、京都亀岡、高野山東京別院アートパフォーマンス、八ヶ岳、浄土真宗岐阜別院と、梵鐘が自ら意志を持ったようにかけ廻り、「音声供養」を各地で行うことができました。

そして一九八八年八月、**野田卯一**氏の働きかけで船会社日本郵船にアメリカのサンフランシスコ港まで梵鐘をご厚意で運んでいただき、アメリカ北カリフォルニアのオディヤン寺院に無事寄贈することができました。野田氏は、日蓮宗系日本山妙法寺の**藤井日達**上人と交流が深く、世界各地や国内百八の仏舎利塔建設に尽力されました。またネイティブアメリカンホピ族のメッセンジャー、**トーマスバンヤッケ**氏のホピ国パスポートでの入国に尽力された方でもあります。

この時の三年間は、ビジョンを形にするという精神的にも現実的にも非常に大変な勧進活動でしたが、一方で多くの方々に出会う貴重な機会に恵まれました。その時の多くの方々との出会いが今も私の励みであり、この体験が求道心と智慧の源になっています。

一九八八年秋、オディヤン寺院に参籠した私は、師タルタン・トゥルクと面授しました。師は日本から寄贈された梵鐘をとても喜んでくださり、オディヤン寺院仏舎利塔正門に吊るし、毎朝晩、世界の安寧を願ってその音声を四方に響かせています

この機会にと、私は師に「出家をさせてください！」とお願いしました。梵鐘勧進活動の三年間、日本仏教の多くの出家僧の方々と出会い、深く仏法を語り合う機会をいただき、

野田卯一
1903〜1997
岐阜市出身。政治家
元建設大臣。

トーマスバンヤッケ
ホピの予言を示すホピ族メッセンジャー

藤井日達
1885〜1985
熊本県阿蘇市出身。
日本山妙法寺開山。
世界平和運動指導者
70年代渡米し、ネイティブアメリカンへの支援を表明した。

釈迦族になる出家の功徳を感じていたからです。

その時、師は手元にあった経典を包む赤紫の日本の風呂敷に描かれた二羽の鶴の絵柄を指差し、私に言われました。

「鶴は、私の故郷東チベットアムドゴロクの**霊山アムネマチェン**にも飛んでいるんだよ。日本にも鶴がいるだろう。私は鶴が大好きだ。『くぁー、くぁー』と鳴くんだ。夫婦で仲良く飛ぶんだ。『くぁー、くぁー』と、ほら、あなたも鳴いてみなさい」

私は師の鳴き声を真似て、「くぁー、くぁー」と何度も鳴きました。夕日が太平洋に広がるカリフォルニア一面の空に、師と私の「くぁー、くぁー」と鶴の声が響いていました。

そして、師はこう語りました。

「この三年間、期待も絶望もしなかった。自らが菩薩の誓願を立て、菩提心を梵鐘という形にし、この西洋の地に布施したこと。この尊い菩薩の精神こそがこれからニンマの教えを学ぶ一番の重要な器だ。あなたには出家は必要ない。二羽の鶴を見習いなさい」と。

その智慧が、**チベット仏教ニンマ派**に伝わるゾクチェンという教え、金剛乗最奥部にある心の解放の教えです。

霊山アムネマチェン　東チベットアムド地方南部にある崑崙山脈東部の霊山。黄河の源流。標高6283m

チベット仏教ニンマ派（旧訳古派）　8世紀吐蕃時代インド仏教がパドマサムバヴァ、シャンタラクシタ、チソンデツェン王を祖とする宗派。古訳派、赤帽派ゾクチェンを説く。

京都亀岡西光寺 広上塔貫上人
田中真海老師

東京アート砂曼荼羅音声供養
原田道一老師

八ヶ岳いのちのまつり'８８
トーマス・バンヤッケ氏

香取正彦先生

オディヤン寺院ストゥーパ

ストゥーパ正門の梵鐘

老子製作所梵鐘鋳込み（左）
兄弟子ディエゴ・サンタ・クルーズと共に
デザイン等制作を行なう（右）

高山市内フジヤホームセンター
での音声供養

東大寺千僧供養大仏殿南大門前の鏡池
での音声供養。賦纂を配る。

天河大弁財天社上棟式にて
音声供養。柿坂神酒之助宮司

高野山高室院での音声供養。
宮島基行師

咊

崇仁

第一章　霊的統合の象徴　スメラギの「咊」

1　三笠宮殿下のメッセージ　「和」と「咊」

梵鐘勧進活動の中で、昭和天皇の一番下の御令弟、三笠宮殿下とお会いする機会を頂き、とても印象に残る貴重なメッセージを頂きました。それが、本書のキーワード、令和です。

昭和六〇年代当時の教育テレビ番組で、**三笠宮崇仁殿下**が「古代オリエントのあけぼの」という講義をされていました。今では大変貴重な番組です。三笠宮殿下は戦前から古代ユダヤの研究を長くされていた方です。天皇家に古代ユダヤの血が流れているという説がありますが、昭和時代は「ユダヤ」というと色々語弊があったので、「古代オリエント」というタイトルにされたのでしょう。

私が殿下とお会いしたのは、東京コミュニティカレッジという学校でした。**小泉多希子**さんという方が一九六〇年代に日本で一番最初にコミュニティカレッジを設立され、名誉総裁を三笠宮殿下にお願いされました。殿下は快く引き受けられ、以来、東京コミュニティカレッジでの四月入学式一時間目の授業は、必ず三笠宮殿下が古代オリエントのお話をされるということになっていました。

三笠宮崇仁殿下
1915〜2016
三笠宮家初代当主。歴史学者。御称号は澄宮。大正天皇と貞明皇后の第4皇男子。昭和天皇の御令弟。

小泉多希子
〜1993
（財）東京コミュニティカレッジ設立者
カウンセラー育成に貢献。80年代ライアル・ワトソンやフリッチョフ・カプラを招聘し時代を先駆けた活動を続けた。

私は小泉先生とある御縁を頂き、二時間目の授業「メンタルヘルスと瞑想」の講義を受け持ちましたので、一時間目の授業が三笠宮殿下、二時間目は当時若干二七歳の私が講義を持たせていただきました。その時から、殿下のお話を直接伺う場と機会があり、とても貴重な御縁をいただきました。

三笠宮殿下からのお話では古代オリエントのテーマが中心でしたが、中でも一番印象に残っていることは、平和の「和」という字です。この「和」という字は、もちろん昭和の和であり、平和の和であり、私たちがよく知っている聖徳太子の十七条憲法「和を以て尊しと為す」の「和」ですが、殿下がおっしゃるには、これは略字であって、本字は、口偏に禾（ノギ）の旁、「**咊**」が正しいということでした。

平和の和、昭和の和、令和の和と、私たちが慣れ親しんでいる「和」ですが、本字の「咊」は、左右がひっくり返っているのです。国語辞典にも書かれていますので調べてみて下さい。殿下は、この本字「咊」を色紙に書かれ、この重要性を理解された小泉先生は東京コミュニティカレッジの事務所に飾っておられました。

昭和時代は、日本が近代から現代へと大きく時代が変遷し、凝縮された時代でした。近世から近代への革命によって建国された明治政府の帝国主義を継承し、その流れが加速し

咊
和の本字、旧字体。

日清戦争、日露戦争、第一次世界大戦と続く軍国主義は、昭和では更に、満州建国、日中戦争、大東亜戦争、太平洋戦争へと突入していきます。太平洋戦争は、一九四五年八月六日に広島、八月九日に長崎への原爆投下によって、八月一五日ポツダム宣言を受諾し、終戦を迎えました。一八六八年の明治維新から七七年、大日本帝国終焉の日でした。

戦後復興の現代は、新たな日本国へと大きく昭和時代が転換した縮図と言えます。大日本帝国において現人神であった**昭和天皇**は、一九四五年八月太平洋戦争終戦の翌年元日、**人間宣言**（詔勅）を発せられました。その趣旨は、明治天皇の五箇条の御誓文にまで遡り、古く悪しき習慣を改め、自由な民意を広げ、平和主義に徹し、豊かな教養で文化を築き、平和を重んじ民主的な日本のあり方を示され、新日本国の指針を提示されました。

それから戦後四〇年の一九八五年、日本は高度経済成長を経てGDP世界一となります。東京の高騰した土地の価格で世界の土地が買えるほどバブルを膨らませました。プラザ合意を経て、バブル経済へと突入していきます。日本が一番有頂天となった時です。一九八九年、昭和天皇が崩御され、日本のバブル経済は崩壊し、その後、日本は「失われた数十年」へと下降していきます。

戦後、昭和天皇は日本国中を巡幸され、国民に触れ合う機会を大切にされました。有名な逸話があります。昭和二四年、長崎雲仙岳ご登頂の際、侍従長が「陛下、あれが阿蘇山

昭和天皇　１９０１～１９８９　在位１９２６～１９８９迪宮裕仁。

人間宣言　１９４６年に出された詔勅。天皇自ら神格を否定し、明治天皇の五箇条の御誓文にまで遡り、古く悪しき習慣を改め、自由な民意を広げ、平和主義に徹し、豊かな教養で文化を築き、平和を重んじ民主的な日本のあり方を示した。

明仁天皇　１９３３～　在位１９８９～２０１９継宮明仁。譲位後上皇となる。

東京コミュニティカレッジ所蔵「味」

昭和天皇

三笠宮崇仁殿下

宮内庁 HP より

でございます」と説明された時、「あ、そう」とお答えになった昭和天皇のお人柄、ユーモアのセンスを伝える有名な逸話です。

平成時代先帝**明仁天皇**は、昭和天皇の平和主義の御意志を継がれ、皇太子時代から開かれた皇室を目指し、菊のカーテンで閉ざされた皇室をご家族の生活や育児の姿を国民にオープンにされました。また平成時代の一九九五年の阪神淡路大震災、二〇一一年の東日本大震災と続く災害時に、天皇皇后両陛下自らが被災者に膝を付き合わせお声を掛けられるお姿に、国民の誰もが感じ取った「国民に寄り添う皇室の姿」は深く記憶に刻まれています。

そして、**今上天皇**陛下も先帝の御意志を継ぎ、開かれた皇室、国民と共にという皇室の在り方を常にお示しになられています。

一方で、憲法に明記された天皇の発言が制限されるお立場は、心苦しいものです。今上天皇陛下が名誉総裁をお務めになられた二〇二一年の東京オリンピックパラリンピックの開催の是非に関して、宮内庁長官が、「天皇陛下が新型コロナウイルス感染拡大について懸念されている」と言及した「長官の拝察」が、天皇の政治的発言だと指摘されました。天皇陛下が関わる事象に対し、その立場や見解を政治的発言として発することができない人としての尊厳が、どれほど辛いお立場なのかと察します。

今上天皇
1960〜
第126代天皇
浩宮徳仁。

皇紀
初代神武天皇が即位した年を元年とする日本の紀年法。

日本国憲法
大戦後、日本国家に形態、統治組織、作用を規定した憲法。1946年11月3日に公布され翌年5月3日に施行された日本国の最高法規。

日本という国は非常に不思議な国です。それは、天皇というスメラギの存在が古代より続く世界的にも稀な歴史を持つ民族です。**皇紀**では、令和元年は二六七九年となります。

ここでは三つの視点から、天皇の立場を捉えます。

一つ目の視点は、現**日本国憲法**に明記された「天皇制」という地位です。戦後一九四六年新憲法に制定され、日本国憲法第一条天皇に明記された「日本国の象徴であり日本国民統合の象徴」と、天皇制の地位と立場、役割を定めています。長い日本の歴史において、天皇は権威の保持者として、また時に権力を付与する主権統治者でしたが、戦後、その権力は主権在民として国民に与えられ、選挙による民主政治が行われています。そして、何よりも平和憲法の象徴として、平和の「和」としての象徴天皇の位置付けが憲法に明記されています。この**象徴天皇**を、**政体天皇**と捉えます。

二つ目の視点は、「天皇と皇族」という血統としての皇室です。これは初代神武天皇以来、百二十六代途切れなく続くYAP遺伝子の血統を保持する家系であり、大和朝廷の歴史を皇紀に記し、現代に続く大和朝廷の「和」が象徴する天皇です。明治維新で建国された大日本帝国には、「**万世一系**の天皇が国を統治す」と明記され、血族的天皇及び皇族の位置付けを明確にしています。この大和朝廷の「玉」としての立場は、国家体制の象徴でもあ

象徴天皇
日本国憲法第一条「日本国の象徴であり日本国民統合の象徴」と、天皇制の地位と立場、役割が明記された天皇。

政体天皇
時の政治体制における天皇。現日本政治体制は三権分立。

万世一系
大日本帝国憲法第一条に示す、皇統が永続すること。

ります。この血族男系天皇の継承の視点から、近年、女性宮家創設や女性天皇女系天皇容認に関する議論、また女性皇族の婚姻による皇籍離脱問題など、皇族の血統に関する国民に深い関心がもたれています。この皇統を、**國體天皇**と捉えます。

そして、三つ目の視点が、**スメラギ（天皇）**という古代から日本に保持されてきた霊的統合の象徴としての存在です。本書ではこの霊性を「味」という文字で表現しています。古代より日本に連綿と伝わる霊統に日本的霊性として光を当て、世界の中でも非常にユニークな日本の精神性を熟考します。本書ではこの霊的天皇をスメラギと尊称し、**霊体天皇**と捉えます。

私たちの日本には、貴重で驚く霊的な宝が秘められています。世界的に新型コロナウイルスが蔓延する混迷の時代だからこそ、新たな世を切り開く霊的価値を再考し、その宝を生かす力、霊力を以て新たな時代を切り開く力が私たち一人ひとりに宿っているのです。

今、私たちは大きな歴史の転換点を生きています。

國體天皇　国家体制における天皇。現日本は大和朝廷成立以来、血統的皇統が継承されている。

スメラギ（天皇）　大和言葉での天皇の読み。本書ではカタカナで表記した。

霊体天皇　皇祖以来続くスメラギの霊統的意識体。

天皇陛下即位の礼

上皇陛下天皇陛下秋篠宮御一家

宮内庁 HP より

伊勢神宮祭主
黒田清子さん
伊勢志摩経済新聞より

日本国憲法 第1章 天皇

第一条 天皇の地位・国民主権

天皇は、日本国の象徴であり日本国民統合の象徴であって、この地位は、主権の存する日本国民の総意に基づく。

第二条 皇位の継承

皇位は、世襲のものであって、国会の議決した皇室典範の定めるところにより、これを継承する。

第三条 天皇の国事行為と内閣の責任

天皇の国事に関わるすべての行為には、内閣の助言と承認を必要とし、内閣が、その責任を負ふ。

第四条 天皇の権能の限界、天皇の国事行為の委任

天皇は、この憲法の定める国事に関する行為のみを行ひ、国政に関する権能を有しない。

天皇は、法律の定めるところにより、その国事に関する行為を委任することができる。

第五条 摂政

皇室典範の定めるところにより摂政を置くときは、摂政は、天皇の名でその国事に関する行為を行う。

この場合には、前条第1項の規定を準用する。

第六条 天皇の任命権

天皇は、国会の指名に基づいて、内閣総理大臣を任命する。

天皇は、内閣の指名に基づいて、最高裁判所の長たる裁判官を任命する。

第七条 天皇の国事行為

天皇は、内閣の助言と承認により、国民のために、左の国事に関する行為を行う。

一 憲法改正、法律、政令、及び条例を公布すること。

二 国会を召集すること。

三 衆議院を解散すること。

四 国会議員の総選挙の施行を公示すること。

五 国務大臣及び法律の定めるその他の官吏の任免並びに全権委任状及び大使及び公使の委任状を認証すること。

六 大赦、特赦、減刑、刑の執行及び復権を認証すること。

七 栄典を授与すること。

八 批准書及び法律の定めるその他の外交文書を認証すること。

九 外国の大使及び公使を接受すること。

十 儀式を行うこと。

第八条 皇室の財産授受の制限

皇室に財産をゆずり渡し、又は皇室が、財産を譲り受け、若しくは賜与することは、国会の議決に基づかなければならない。

天皇皇后両陛下自ら、被災者に膝を付き合わせお声を掛けられる。

２０２１東京オリンピックパラリンピック開会式での開会宣言。（上右）

パラリンピック競技者の伴走をされる。（上左）

新嘗祭の新米を収穫される今上天皇陛下。（下右）

宮内庁 HP より

天皇陛下と笹目秀和仙人

今上天皇陛下と仙人の話をさせていただきます。**笹目秀和**という方の名前を聞かれたことがありますか。昭和時代に奥多摩に仙人が住むと、笹目仙人と知られていた方です。笹目先生は一九九六年に遷化されましたが、私の先達の一人です。

私は八〇年代の梵鐘勧進活動の時に御縁があり、当時奥多摩の山奥に住んでおられた笹目先生にお会いする機会がありました。以来、笹目先生とお呼びしています。私がアメリカのチベット寺院で修行してきたこと、そして梵鐘勧進活動をしていることを、笹目先生は、「お前は面白いやつじゃな。眼には見えない縁が重要じゃ」と、どこにも何にも属さずにたった一人で、梵鐘を作りたいという請願のために、全国を行脚し勧進活動をする私の姿を励まして下さりました。それ以来、笹目先生と何度もお会する御縁をいただき、可愛がっていただき、多くのお話を伺い、ご指導をいただきました。

笹目先生は、大正十三年、学生時代の夏休みに満州を旅します。大連から列車で奉天に向かう中、現北朝鮮国境に位置する白頭山に住む白頭仙人の使者に出会います。そして使

笹目秀和
1902〜1996
茨城県出身。内蒙古自治運動指導者。戦後11年のシベリア抑留を経て、帰国。霊能者。東京多摩道院統掌。

呂霖徠神仙（りょりんらいしんせん）
白頭山山頂に住む当時二百歳の仙人。白頭仙人。

疏勒神仙（しゅろしんせん）
崑崙山脈青海省辺境に住む少数民族疏勒族の当時五百歳の仙人。崑崙仙人。

者に導かれ、白頭山山頂で**呂霖徠神仙**、白頭仙人に面授の機会を得て、坎水印の秘法を授かります。そして、十二年後に、崑崙山脈に住む**疏勒神仙**、崑崙仙人に遭うようにと紹介されました。その後、笹目先生は深い縁あってモンゴルの解放運動を指導します。また東チベット青海地域に霊的理想国家の樹立に尽力されます。

昭和十年、笹目先生が大本の聖師**出口王仁三郎**を綾部に訪ねた時、王仁三郎師から竹筒を渡され、「これを崑崙山に埋めてきてくれ」と頼まれます。笹目先生はそれを快く引き受けますが、朝鮮半島に渡った時に、大本が大弾圧されたことを知り、その竹筒が大本の御神体である重要な意味を理解します。そして、その竹筒を崑崙山頂に埋めにゆくことになります。

笹目先生は、王仁三郎師の竹筒を持って崑崙山脈青海辺境に住む崑崙仙人を訪ね、崑崙山頂に御神体を埋めに行きます。その時、崑崙仙人と一緒に鶴に乗って、崑崙山頂へと飛び立ちます。この鶴は小型ヘリコプターくらいの大きさだったと、笹目先生はおっしゃっていました。大鶴に乗って飛ぶ上空は、とても寒いので鶴に乗って飛ぶ時は、崑崙仙人から学んだ太陽の氣をくらう法、離火印という秘法を行じていたので極寒の上空も飛行することができたそうです。そして、崑崙山頂に大本御神体の竹筒を無事、奉納されたと笹目先生は話されました。

笹目先生はその後、一九四五年八月十五日終戦直後に満州でソ連兵に捕まり、シベリア

出口王仁三郎
１８７１〜１９４８
京都府亀岡市生まれ
本名上田喜三郎、出口なおと共に大本教祖。主著の霊示書、霊界物語８８巻がある。

に十一年間も抑留されてしまいます。その当時のシベリア抑留は極寒で食事もほとんど与えられず、強制労働中に多くの日本人がバタバタと飢えと寒さで死んでいった酷い環境だったそうです。またソ連の官吏から共産主義の学習を強いられ、それを断ると水牢に入れられてしまいます。しかし、先生は「太陽の氣をくらう法」を行じていたので、牢獄にほんのわずかに太陽と月の光が差すところから、その光を食べることで生き続けることができた、と言われました。その代わりにその後、肉が食べられなくなったともおっしゃっておられました。

笹目先生からは、満州大陸時代の話を多く伺いましたが、中でも私がチベットと縁が深いことで、**パンチェンラマ九世**やチベット仏教との繋がりのことをお話しくださいました。笹目先生は、戦前戦中にモンゴルの解放運動を行なっていたとき、パンチェンラマと仏縁があり金泥直筆のチベット大蔵経を頂きました。金泥直筆チベット大蔵経は、一般の寺院にある木版刷の大蔵経と違い、一部の高僧か貴族レベルの者しか所有できないほどの貴重で高価なものです。しかしその後、笹目先生はソ連軍の捕虜となってしまい、戦後のどさくさの中でその大蔵経を盗賊に盗まれてしまったのでした。

笹目先生は、昭和三十二年シベリア捕虜から解放され、日本に帰国されます。奥多摩の洞窟で瞑想していると、パンチェンラマの霊体が現れ、「ワシがお前にやったチベット大

パンチェンラマ九世
1883〜1937
チベット仏教ゲルク派のダライラマに次ぐ高位の化身ラマの称号。チベット国を統治するダライラマに対し、代々のパンチェンラマは蔵外の清朝北京に在す。現在のパンチェンラマ十一世は、中国政府の認定者とチベット亡命政府ダライラマの認定者が二人いるが、後者は今も行方不明。

聖師出口王仁三郎　中央下

笹目秀和　後列左から三人目　上写真

崑崙山脈に大本御神体奉納後の笹目先生
写真は「神仙の寵児」より

蔵経はどうした」と何度も尋ねられます。盗まれたチベット大蔵経のことを長く忘れておられたそうですが、パンチェンラマの霊体から問い正され、びっくりされました。笹目先生が瞑想洞窟から出て、「なんとかせねば」と思案していた時に、チベットのお寺で学び、日本で梵鐘勧進活動をしていた私が尋ねて行ったというタイミングでした。そこで、「林君、是非ともチベット大蔵経を探し出す協力をしてほしい」ということで、笹目先生との交流が始まったのです。

笹目先生はパンチェンラマから、更に「アジアの平和を仏典の読経に依て、**業を化（か）しなさい**」という霊示を受けます。確かに霊的な視点から見ると、アジアでの**五族協和**の実現には、古来からブッダの教えである仏教経典を共有し、その教えを理解し実践することこそが、二十一世紀における重要な鍵だと納得できます。

五族協和
満州国の民族政策の標語。「和（日）・韓・満・蒙・漢（支）」の五民族が協調して平和に暮らせる国家を目指した。

業を化す
滞った因縁、カルマを浄化すること。

霊体とのコンタクト技法　扶乩

笹目先生は、当時中国全土に広がる道教系霊的団体、道院と交流を持ちます。当時の大陸は清朝の末裔、愛新覚羅溥儀が満州国を建て、中国は中華民国が統治する時代です。道院は、至聖先天老祖という宇宙神から神降ろしによって霊示を受ける霊的集団です。至聖先天老祖は日本でいうなら天之御中主神、密教で言うならば大日如来に相当する最高次の宇宙神です。この霊体とコンタクトをする霊的技法が扶乩（フーチ）です。

霊体とコンタクトする方法は、古代からアジア全土に伝わる技法がありますが、扶乩という神降ろしの技法が有名です。日本で一番分かりやすい扶乩は、こっくりさんです。子どもの頃、学校の放課後にこっくりさんをやったことがある人もいると思います。十円玉を紙盤の上に置いてやりました。そのやり方を誰から教えてもらったのかは覚えていません。また本当に霊がでてきたかどうかも分からないのですが、昭和時代の子供たちに流行っていました。しかし、実はこっくりさんとは「狐狗狸」の動物の低級霊なので行なわないほうがいいと言われます。

道院
道教系の宗教団体。扶乩により宇宙神「至聖先天老祖」より霊示が降り、老子、孔子、釈迦、ムハンマド、キリストを奉り、万教帰一の思想から1921年設立。慈善事業団体紅卍会の母体。

このような低級霊ではなく、正しい修行の元でより高次の霊体にコンタクトすることが可能です。例えば、龍やガルーダなどの霊獣や弁財天や毘沙門天などの護法神の霊体です。更に密教修行を深めてゆくと、如来界、また菩薩界、明王界という仏界のヒエラルキーの中でも、曼荼羅の一番最高の霊体である大日如来に直接コンタクトすることが可能です。

この扶乩という霊的技法を説明します。巫女の「巫」という文字は、Tの字を書いて左右に人、人と書き、下に盤があります。このTの縦棒は砂盤や紙にメッセージを描くもので、Tの横棒は左右二人でそれを持っている文字なのです。真ん中に縦棒の下に砂盤があり、それを左右二人で持っている姿が「巫」の文字です。左右二人が瞑想状態に入ると体が動き出します。そして、砂盤には縦の棒が筆のように動き、文字や絵が描き出されます。その神様からの霊示を一文字一文字と降ろし、淡々とその字を書き写し、霊体からの霊示として読み取る霊的技法、それが扶乩（フーチ）です。

日本と道院との関わりは、一九二三年（大正十二年）関東大震災直後に、中国道院の慈善団体、**紅卍字会**が扶乩での霊示から東京市支援第一号として物資を寄付したことを縁として始まります。その時、皇道大本の聖師王仁三郎と中国道院の出会いがあり、以来相互の交流が続きます。

紅卍会 道院の慈善事業団体。

笹目先生と笹川氏

笹目先生は、戦後シベリア抑留の投獄から解放され、昭和三二年に日本に戻られます。日本に帰国される時、至聖先天老祖から「道院を日本に伝えなさい」と霊示を受け、その為に「自身はサブリーダーに立ち、リーダーとして立つ人は違う人にお願いしなさい」とメッセージを受けます。二人の候補者が立てられました。一人は田中角栄氏、もう一人は**笹川良一**氏です。笹目先生はこの二人に「道院を一緒にやりませんか」と同じ手紙を出し、田中氏からは何も返事がなく、笹川氏からは「是非一緒にやりましょう」と丁寧な返事が来ました。以来笹川財団では東京道院と慈善団体紅卍字会を、今も行じておられます。

笹川良一氏と笹目先生は当初は一緒に日本で道院を始めるのですが、笹目先生が言うには、「笹川は政治ばかりやって、修行をしない」と、その後二人は決別してしまいます。

笹川良一氏は、現在の日本財団、前笹川財団、日本モーターボート振興会の代表であり、戦後右翼の大物人物です。笹川氏の政治活動は元々、戦中から満州での武器、麻薬、女性の調達をする総合商社、**昭和通商**のメンバーでした。そして戦後、日本の右翼のドンとして君臨していきます。笹川氏と決別した笹目先生はその後、玄米袋を担いで奥多摩の御岳

笹川良一
1899〜1995 大阪出身。大正・昭和時代の日本の政治家。日本船舶振興会日本財団、笹川平和財団設立。

昭和通商
1939年、民間の組合だった泰平組合を改組して、日本陸軍主導で里見甫を中心に設立された軍需国策会社。軍部への武器や麻薬の調達などを行なった総合商社。

山に籠り、一人で多摩道院としての活動を始められます。

笹川氏と笹目先生の関係は「原理主義と密教」と捉えることができます。右翼のドンとしての笹川氏の思想行動は原理主義と理解することができます。原理主義というのは、政治との深い関わりがあります。笹目先生は、自分自身の神聖に出会うために修行する密教行者でした。

ここに、一枚の写真があります。今上天皇陛下と笹目仙人お二人がご一緒されている写真です。お二人は、この後何度もお会いされています。天皇陛下が何回も御岳の山奥に足を運んで笹目先生にお会いされた事実は、重要なキーポイントです。天皇陛下（当時の浩宮様）は、もちろん笹目先生と笹川良一氏、当時の笹川財団の関係を当然ご存じのはずです。この二人の関係は日本のエスタブリッシュメントの中では誰もが知る事実でした。当時の浩宮様も、何かのセレモニーかで笹川氏ともお会いされたことでしょう。「玉」を取り巻く国家体制の中心人物の一人だったからです。浩宮様は、そのような二人の複雑な関係性を知りながらも、あえて直接笹目先生にお会いに行かれていたのです。もちろん天皇陛下が笹目仙人とお会いされた事は、当時の笹川氏もご存知であったと推測しますが、空気としては面白くなかったのではないのでしょうか。

天皇陛下と笹目秀和先生

（名古屋道院川崎嘉子氏所蔵写真）

天皇陛下は山登りを趣味とされ、日本の全ての霊山を登っておられます。その一つ、奥多摩の御岳山に登山をするという目的で、たまたまその場におられた笹目先生と話をされたということになっていますが、真の目的は笹目先生にお会いされ、メッセージを貰っておられます。

先の「和の文字」を「表」と「裏」と言うと変ですので、「表の字」と「奥の字」と、ここでは言いましょう。現代は、表の日本が「和」で、奥の日本が「咊」に象徴されているように感じます。三笠宮殿下はそのことを知っておられたし、殿下が知っておられるということは、皇室の方や皇室を取り巻く人々も知っておられるはずです。私たち一般国民は知らされていなくて、一部のエスタブリッシュメントが知っていることは、他にも多々あります。

日本の歴史は、昔から秘める歴史として記されてきました。一部のエスタブリッシュメント、特権階級、支配層の人たちだけが知っている情報を、「秘密事項」の共有として確認されます。それは一般の民、民衆には知らされないものです。徳川幕府の一番重要な政策は、「民に情報を与えない、知らせない、考えさせない」という三猿政策と言われますが、それが今も続いているようです。私たち一般民衆には「秘密事項」の情報はまず知らされることがないでしょう。

2　現成公案　昭和通商から右傾集団

今をどう見るか、今をどう生きるか、今とどう関わるか、**道元禅師**はこれを一番重要な**現成公案**と説かれました。今、この瞬間が一番の公案という現成公案には、道元禅師の深い教えの核心があります。

現成公案というキーワードで、「今」を見ます。例えば、今、歯が痛い、お腹が空いた、悩みがある、これらは個のレベルの現成公案です。しかし、一歩外に目を向けてみると、戦争や飢餓、病気の蔓延など外の世界で何が起こっているのかを捉える事も現成公案です。そして外の世界の現実に直面し、その気付きを自分の中に取り込み、外の世界と自分の関りの中で、どうバランスを保つかが、もっと深い現成公案となります。

釈迦牟尼（釈尊）は、世界は苦に満ちていると認識されました。そしてその苦の源である煩悩を滅することで、内なる心の静けさを取り戻す八正道を示されました。今という多次元性に気付いていくと、もっと自分自身を研鑽し、更に「今」と深く関わる気付きを現成公案として掘り深めていくことができます。

道元禅師
１２００～１２５３
曹洞宗開祖。南宋天童如浄の元で只管打座、身心脱落を得悟。正法眼蔵著。

現成公案
曹洞宗道元禅師の主著正法眼蔵の首巻に説く、今の現実が悟りへの直面すべき一番重要な公案であるという教え。

釈迦牟尼（釈尊）
(Sakyamuni) BC6C
仏教の開祖。釈迦族ゴータマ・シッダッタ。王族に生まれるも出家し、６年苦行末、３５歳成道。以後４５年三転法輪を説く。

ここからのキーワードは、先の「原理主義と密教」で見ます。そして、今の世界と日本社会で何が起こっているのかを知ることが、まさに現成公案です。日本で見てみますと、天皇陛下が新しく即位されて、令和の日本になった新しい時代が現成公案です。政治レベルを深く見ていくと、例えば、元安倍政権から続く自民公明連立政権の一番の支持団体、**日本会議**という右傾団体の活動に興味を持ちます。これは余りニュースや報道等では問題にされませんが、この右傾団体の思想は、日本の将来を左右するほど政権与党に政治的影響力をもっています。日本会議という集団は、政治団体や経済団体、宗教団体、神社本庁の一部や新興宗教団体など、様々な右傾団体の集まりです。**創価学会**の公明党は表向きは日本会議には属していませんが、日本会議と同様のビジョンがあるのでしょうか、自公連立政権に日本会議の意思が宿っていることが実情でしょう。

これは重要な政治の現成公案です。政治と経済、軍事は深く結びついており、それは時の政治家たちの思想と密接に結びついているからです。この現成公案の視点から見ると、今の現象は必ず何かの原因があり、その結果が今に現れています。今という事象を深く見ること、その原因がどこに起因するのかと因果を見つめていくことで、今を切り開いていくことができます。

現代政治の思想的源流との相関関係を理解するためのもう一つのキーワードが、先の「昭

日本会議
保守主義的政策提言や運動を行う日本で最大の右傾政治団体。宗教界、政治団体、経済界などを通して政治的影響力を持つ。憲法改正や歴史認識など国家主義をを実現しようとしている。

創価学会
日蓮の教えの基付く法華経系の在家仏教団体。第三代会長池田大作を中心に全国に多くの会員を持つ宗教団体。公明党の支持母体として政治的影響力を持つ。

和通商」です。昭和初期頃から、日本は満州大陸に進出していきます。大陸進出には関東軍が実質的な中心となり、特に満州、中国、朝鮮半島に支配の手を広げ、満州国を建国します。その関東軍に、武器の調達、麻薬の調達、女性の調達を行なったのが昭和通商です。日本陸軍主導で設立された国策軍需会社であり、今で言う総合商社です。**里見甫**（さとみはじめ）という官僚が中心となり活動を行ないますが、そこに関わったメンバーには、**岸信介**、吉田茂、そして、笹川良一、児玉誉士夫、小泉純也、文鮮明、金日成、朴正煕、池田大作という人物が名を連ね活動していました。

これは重要な因果の現成公案です。例えば、岸信介は安倍元首相の祖父ですし、吉田茂は麻生元首相の祖父です。小泉純也は小泉元首相の父です。池田大作は創価学会の会長です。更にアジアでの関係では、文鮮明は**統一教会**（現世界平和統一家庭連合）教祖ですし、金日成は今の北朝鮮の金正恩の祖父です。朴正煕は韓国の元大統領の朴槿恵の父です。この昭和通商の人物相関を知ると戦前戦中の因縁からの原因と結果として、今現在の時代を作っている、まさに因果の現成公案と見ることができます。この視点が理解できないと、今、日本でアジアで何が起こっているのか、これから何が起ころうとしているのか、どこに向かおうとしているのかが見えないからです。

もう一つの重要な歴史的な「原理主義と密教」の関係で見るならば、「**明治維新**」が大

里見甫 1896〜1965 昭和通商を組織。様々な活動を行なう

岸信介 政治家 1896〜1987 戦中満州経済の軍事化を指導。戦後首相日米安保条約改定。

統一教会 教祖の文鮮明がが設立したキリスト教系宗教団体。霊感商法、合同結婚式、偽装勧誘、高額献金など社会的問題のカルト集団との指摘がある。教祖の死後、現在、世界平和統一家庭連合と改名。教祖の妻、三男、七男が争い分裂している。

きな歴史的区分であることです。明治維新前の江戸末期までは、日本国が大和朝廷として成立して以来、多神教国家として存在していました。それが明治維新以後、**大日本帝国**の大日本帝国憲法によって定められ、日本は一神教の国になったという視点を、ここで提示します。大日本帝国の一神教とは、現人神である天皇を中心とした万世一系の一神教的思想です。明治維新こそが、日本における多神教から一神教への霊性の大きな時代転換を引き起こした事件であることを、本書では問題とします。大日本帝国の万世一系の思想は原理主義そのものであり、宗教的に見るならば、これを一**神教**と理解することができます。

明治政府以前の江戸末期までは、宗教的には**多神教**の時代でした。古代、日本は天皇という「玉」を取り巻く勢力が、日本を統一し大和朝廷を形成しました。ただその統治形態が当時から一神教万世一系の思想だったかと言うとそうではなく、古代から飛鳥、奈良に連なる時代に、多民族社会の多神教的世界観を基盤に、各地の豪族や部族の各々の霊体を互いに認め、大きな和、「大和」という思想で統合されました。これが、日本が古代から八百万の神々が住まう国、多神教の国と言われる所以です。それぞれの神様を認めながらも、その上に一番霊格の高い天照大神を立て、直系の天皇家を中心に豪族勢力がそれを支える**律令国家体制**の大和朝廷が形成されていった、古代日本から続く歴史があります。

明治維新
江戸末期薩長土肥中心に倒幕運動の末、大政奉還で明治新政権を建てた呼称。

大日本帝国
明治維新の新政府の国号。

一神教
唯一絶対神を崇拝する信仰形態。

多神教
絶対神一神教に対し、多数の神が存在する霊的世界観。

明治維新の一神教の国家体制は明治、大正、昭和二〇年まで続きます。国家体制は一般的には国体と言われています。特に一九四五年八月一五日は、日本で一番長い一日と言われる日で、**玉音放送**のレコードを巡って国家体制をどう維持するか、「玉」という天皇家を取り巻くエスタブリッシュメントの体制が揺らいだ終戦直後の出来事でした。

戦後日本は新たな民主主義国家となりました。そして今、右傾集団が再び万世一系の天皇の直系に結び付ける一神教という原理主義思想を利用し、政治思想として復活をさせようとしている様に思えます。

戦後の日本人は無宗教という視点もありますが、時代は戦後の昭和、平成、そして令和へと流れ、現在に至ります。

律令国家体制
大化改新後、刑罰の律と政治的法を定めた大和朝廷の中央集権的国家統治機構。

玉音放送
1945年8月15日正午に昭和天皇が自ら読み、終戦詔（みことのり）を国民に伝えたラジオ放送。

「カルト」「原理主義」「密教」の霊的境界

東洋にも西洋にも「原理主義と密教」は存在します。西洋の主な宗教は、**ユダヤ教**、**イスラム教**、**キリスト教**です。これら西洋宗教のルーツは全てユダヤ教にあります。また、これら西洋三大宗教も、**原理主義**と**神秘主義**に分けられます。厳密には違いますが、西洋神秘主義を「密教的」と捉えると理解しやすいかと思います。例えば、イラクはイスラム教原理主義スンニ派で、イランはイスラム教神秘主義シーア派とニュース報道などで聞きます。原理主義と神秘主義はユダヤ教やキリスト教にも存在します。

キリスト教原理主義の分かりやすい例は、アメリカ南部です。キリスト教原理主義者は、聖書に書いてあることをそのまま信じて疑わず、聖書に書いていないことは全て間違っていると主張します。実際、アメリカ南部の原理主義の人たちは、ダーウィンの進化論を信じていません。猿が人になったとは聖書に書いていない、聖書に書いてあるのは創造主が人を造ったと書いてあるので、アメリカ南部の原理主義者は、その創造主を信じています。現代日本人から見ると、理科の教科書でダーウィンの進化論を習うので、原理主義者の考え方には疑問を持ちますが、アメリカ南部の原理主義者は聖書のみを信じます。アメリカ

ユダヤ教
創造主ヤハウエの霊示が、アブラハムの血統ユダヤ人に旧約聖書に伝わる教え。

イスラム教
旧約聖書からムハンマドが絶対神アッラーから霊示の預言を受け、聖典コーランに基付く教え。

キリスト教
旧約聖書の予言から救世主メシアとしてイエス・キリストが説いた新約聖書に基付く教え。

原理主義
聖典や教義を絶対的な教えと解釈し、厳格に実践する思想。

南部では、ダーウィンの進化論を信じると主張した人が家ごと燃やされるという悲しい事件が起こりましたが、それほど原理主義者は狂信的で過激です。

ハードな原理主義とカルトは紙一重です。原理主義的な組織の締め付けや教祖や教義への狂信性が酷くなると、カルト集団へと変節していきます。狂信的な原理主義者がカルトと成った集団が**タリバン**です。イスラム教神学校の原理主義運動過激派集団が武装化によって、ついには国家を形成するにまで至りました。

カルト集団は、マインドコントロール手法によって、信者の思想、感情、情報、行動の全てを支配します。カルトは、マインドコントロール手法を利用し、集団のユートピアを実現するために、信者を反社会行為すら自己正当化する、手段を選ばないカルト的人格に作り変えます。そして、「救済」や「世直し」の名の下で信者勧誘を行ないます。カルトマインドには狂信的で強烈な自我が存在し、反社会的な思想や行動も辞さない集団となっていきます。そして「ヒトモノカネ」の社会的エネルギーを全て吸い上げ、信者を管理をする組織を作り上げます。それがカルト集団です。お布施と称する教団への多額の献金や経済活動を行ない、カルト組織の中で働く組織人間を育成するため、マインドコントロールを行ないます。カルト集団内では、教団に疑いや迷いを持つ信者に対し、「帰依が足りない。地獄に落ちる」などと恐怖心を植え付け、信者に「魔が取り憑いた」「因縁が悪い」「地獄に落ちる」など間違った霊的価値観を植え付け、心を支配します。

神秘主義
絶対神と合一する為の秘教の神秘体験を説く思想。

タリバン
イスラム神学校で神学思想を受けた過激派学生集団。2021年アフガニスタン支配。

ハードなカルト集団の典型例の破壊的カルトが、**オウム真理教**です。またオウム真理教に限らずカルト集団の実態を知れば知るほど、そこには霊的な智慧を悪用したマインドコントロール手法と組織統治を見ることができます。オウム真理教の教祖麻原彰晃は、インドやチベット密教の霊的な智慧を正しく学ぶことなく独自に解釈し悪用しました。オウム真理教の閉ざされた組織内部では、教祖の意向と上意下達の支配の原理が働き、組織の中でしか智慧や修行を学ぶことができないと刷り込まれます。また、薬物を使用した手法で信者を洗脳していきました。

私は一九九五年のオウム事件以後、オウム信者家族の会を通して、今も家族の相談を続けています。多くの信者は脱会を経て、皆が口々に「本物の正しい智慧の教えに出会うことができなかった」と慚愧の言葉を語っています。オウム信者の脱会活動に関しては、拙著「オウム信者脱会カウンセリング」にそのプロセスを記していますので参照して下さい。

カルト集団が成長し安定期に入ると、逆にソフトな原理主義集団へと変節します。原理主義は政治思想と霊的思想を内包していますが、個に内在する霊性に目覚めた人は政治思想よりも、内なる霊性に引かれていく傾向が強くなっていきます。これは個の霊的成長とその目覚めから起こる道筋です。「カルト」「原理主義」から、個の霊的目覚めへの密教的修行アプローチが、重要な道筋となっていきます。

オウム真理教 ヨガ教室から始まった麻原彰晃を教祖とする宗教団体。地下鉄サリン事件など国家的テロ無差別大量殺人及び数々のオウム事件を起こした。後継団体は団体規制法に基付き観察処分にある。教祖の松本知津夫は平成３０年に死刑となった。現在後継団体アレフと光の輪、山田らの集団が活動している。

本書では様々なキーワードが出てきますが、一番の鍵は、霊性です。最近の言葉ではスピリチュアリティ、精神性とも言われますが、私はこれを霊性と語ります。また本書では密教というキーワードを使いますが、ここでの密教の定義は、自身の心に内在する覚醒意識に直接気付く理論と実践行体系を意味します。それは、神道や道教、仏教などに存在する教えの本質を意味します。仏教では表の教え「顕教」に対して、奥の教えまたは内の教えを「密教」と言います。密教は日本には真言密教と天台密教が伝わり、チベットやモンゴル、中国にはチベット密教が伝わっています。

後醍醐天皇の南朝霊統と密教

今から六五〇年前の**南北朝時代**は、日本が大きく揺れ動き、南朝と北朝が互いの天皇を権威に建て、二つの権力が国家体制を廻り六〇年ほど戦った時代が続きました。

後醍醐天皇は、鎌倉幕府から続いてきた武家による鎌倉幕府を滅ぼし、建武の新政（一三三三）を興しました。この新しい政治は数年で終わってしまい、**足利尊氏**は北朝を建て約六十年ほど南北朝時代が続きます。後醍醐天皇は次の世代に望みを託し、南朝の種

南北朝時代
１３３７年から１３９２年までの５７年間、鎌倉時代と室町時代に挟まれる二つの朝廷が併存した時代。

後醍醐天皇
１２８８〜１３３９
鎌倉幕府を倒し建武の新政を行なったが建武の乱で北朝と対立し南朝を建てた。

足利尊氏
１３０５〜１３５８
鎌倉幕府御家人。後醍醐天皇挙兵に加わり幕府を倒すが、新政に不満を持ち室町幕府を建てた初代征夷大将軍。

を残そうと、全国に二十人以上の親王を逃がし血統子孫の延命を図ります。南北朝時代は、北朝の足利尊氏が建てた天皇側と南朝の後醍醐天皇側の二つに分かれますが、最終的には室町幕府が建てた北朝血統の天皇が続きます。

戦後の昭和間もなく、**熊澤天皇事件**が起こりました。名古屋のとある雑貨店の主人が、私は南朝の末裔ですと後醍醐天皇の子孫として系図を示し、自らを熊澤天皇と名乗り出ました。メディアにも取り上げられ話題となりましたが、昭和時代の流れの中で過ぎ去っていきました。

また、明治天皇の時代に、天皇が入れ替わったという説があります。長州に囲われていた後醍醐天皇の末裔の大室寅之助を、明治維新の時に立て「睦仁」とした「**明治天皇すり替え説**」です。後醍醐天皇の親王の一人を長州の勢力がかくまっていたのです。もしもこれが事実ならば、ある意味では、今上天皇陛下は明治天皇以降の末裔であるため、今の上皇陛下も天皇陛下も、現皇室自体が南朝の血統ということになります。明治から戦前の歴史教科書で、南朝を正統と唱えた**楠木正成**が尊ばれ、皇居前に銅像が建てられている事実も肯けます。

明治維新を実現した長州を中心に当時の原理主義支配層が、万世一系の現人神として玉を担いだのです。この事は、時代が霊的にひっくり返っているということが分かります。

熊沢天皇事件
大戦後、熊沢寛道が自らを南朝直系の皇位継承者と主張したが、裁判訴訟で却下された。

楠正成
1294〜1336 元弘の変で後醍醐天皇と挙兵し倒幕に貢献する。天皇の新政を助けるも、足利尊氏の反旗に湊川で戦死した。

南朝の後醍醐天皇は密教行者です。真言密教の行者であった南朝の末裔が、維新の原理主義者に担がれ、原理主義のシンボルとなっていることが、時代が二重にひっくり返っており、現成公案として更に興味深いところです。

令和元年五月、天皇陛下が即位後朝見の儀でのお言葉で「歴代の天皇のなさりようを心にとどめ、自己の研鑽に励むとともに」とおっしゃられました。この研鑽というキーワードは密教行者の言葉です。そのことを意識され、即位後のメッセージで、研鑽という言葉をおっしゃられたように思います。天皇陛下が研鑽するというのは非常に重要なポイントです。この研鑽というキーワードは密教行者であった後醍醐天皇までさかのぼることができるからです。原理主義の思想からすると、万世一系の現人神が研鑽するということは成り立ちません。

山登りが趣味という天皇陛下ですが、登られている山々全てが修験道の霊山であることも興味深いところです。実際、天皇陛下が登られた霊山の山頂には、全て登山記念碑が建てられています。私は天皇陛下にお会いしたことはありませんが、小泉先生から当時の浩宮様の話を伺ったことがあります。地方に行かれホテルや旅館に泊まる時、何かを感じられて「この部屋は泊まれません」とおっしゃられ、部屋を変えてもらうということもあったそうです。非常に霊感の鋭いお方です。

明治天皇すり替え説

＊参照
「明治維新と極秘計画 落合莞爾著」「南北朝こそ日本の機密 落合莞爾著」「明治天皇すり替え説の真相 落合莞爾斉藤充功著」「天皇の暗号 大野芳著」に記されている。

天皇陛下が密教行者という視点から見ると、浩宮様が密教行者の先達である笹目先生にわざわざメッセージを伺いに行かれたという関係も理解できます。そして天皇陛下は、常に「**統合としての象徴**」というお言葉を重ねておられます。

天皇の歴史上、霊性が最も高く現人神としてアマテラス大神とコンタクトするために修行をされた方は、後醍醐天皇でしょう。後醍醐天皇は自らが真言密教行者として、金剛薩埵、サンスクリット語でバジュラサットヴァと呼ばれる尊格の即身成仏の修行をされました。金剛薩**埵**を通して大日如来のメッセージを受け、後醍醐天皇は建武の新政を行ないました。自ら密教行者として霊的な祀り事を行なったことは、歴代の天皇の中でも霊格の高い境地を持っておられたという意味で、後醍醐天皇は非常にユニークな存在です。

ただ霊格の高い後醍醐天皇にも批判された点があります。それは、後醍醐天皇が行じた密教は、**真言立川流**と呼ばれる左道密教の性ヨーガと呪法が実践されていたことです。中期インド密教の流れを持つ真言密教は、その後インドにおいては更に後期密教として左道密教、性ヨーガのタントラ密教へと発展してゆきます。日本には後期インド密教の性ヨーガの流れは伝わっていません。日本の真言密教の教義の中で、特に理趣経という経典を読み深めていくと、後期インド密教への流れの萌芽を秘めていますが、日本の真言宗の正統法脈からは後醍醐天皇の左道密教は異端視され、特に儒教を重んじる江戸時代には、禁止

統合としての象徴
日本国憲法第一条で規定された、天皇を日本国及び日本国民統合の象徴とする地位。

金剛薩埵
梵（Vajra-sattva）法身大日如来の報身として重要な密教尊格。堅固不壊の象徴である金剛を持つ。

真言立川流
真言宗の一流派。性的な左道密教を説き、邪教とされた。

後醍醐天皇　（右）

三神を祀り、王冠を被り、密教法具を持つ後醍醐天皇。

文観房弘真　（左）

護摩祈祷する文観。御簾の背後に後醍醐天皇が座す。

Wikipedia より

されます。

後醍醐天皇は南朝を建て南北朝時代になりましたが、その後北朝に統合されます。その北朝の室町幕府では、禅の**臨済宗**が北朝の霊的な柱となりました。その後、真言密教は政治を取り仕切ることがありませんでしたが、今でも皇室の中には日本密教の系譜が霊的行体系として保存されています。それが、仁和寺、大覚寺など皇室ゆかりの真言密教寺院や、歴代天皇や皇室の霊を祀る皇室の菩提寺、**泉涌寺**です。

天皇はアマテラスから代々、神の代理人、ウケヒとしての存在です。神が宿る存在なので、本来は何も修行を必要としません。しかし、後醍醐天皇は密教行者として自らがアマテラスオホミカミ、そのまま大日如来になるために修行をされました。研鑽とは、この身をもって仏と成す、**即身成仏**のアプローチです。神仏習合で言うならば、本地の大日如来は同時に垂迹のアマテラスです。行者として後醍醐天皇は真剣に修行をし、大日如来、金剛薩埵と一体となる為に研鑽されました。天皇自身が密教行者としてアマテラスの修行を行なうということは非常にユニークですが、ここに重要な問題を秘めていることを、後で説明します。

足利幕府は北朝を立て、京都五山を中心に禅宗が霊的な後ろ盾となります。この北朝天皇筋が江戸末期まで霊的系統を継ぎますが、一神教の原理主義、明治維新政府が立てた大

臨済宗
唐代の臨済義玄を祖とする禅宗派。公案禅と見性が宗風。日本には15派がある。

泉涌寺
京都市東山にある歴代天皇、皇后、皇族の尊牌が奉安される皇室の菩提寺。

即身成仏
身口意の三密をヨーガによって統合し、この身を持って仏と成す真言密教行の奥義。

室寅之助を睦仁として、後醍醐天皇の霊統引継ぐ南朝末裔の明治天皇が立てられたという逆転が起こったのです。令和の和がひっくり返っているという「味」のキーワードから深読みすると、日本の歴史の霊性も、明治を境に多神教から一神教にひっくり返り、南北朝でひっくり返った北朝の系譜が明治になって南朝にひっくり返り、多神教の密教的霊性を引き継ぐ南朝霊統の「玉」を一神教原理主義の国家体制がこれを支えているのです。

　これが今、私が見ている現成公案です。更に視野を深めながら、今、ここで何が起こっているのかという現成公案を、私自身も研鑽を深めていきたいと思います。

　天皇陛下は日本にとって尊い存在です。上皇陛下や今上天皇陛下は、常に象徴としての役割を強調されておられます。特に、戦後日本国憲法にも定められた「象徴としての天皇の役割」という意味は、日本という政治体制の象徴、政体天皇として重要な存在です。天皇を中心とした古代から続く国家体制、大和朝廷は、国家の存続に重要な役割を持ちます。それ以上に、霊体天皇としてのスメラギの存在は、超古代から続く日本の多民族社会が、一つにまとまり大和民族と成立した歴史の中に流れる霊的な統合の象徴であり、霊統の保持者、霊体天皇なのです。

　もしも、霊的統合の要であるスメラギが存在しない時代になれば、日本は霊的アイデンティティを失い、多民族社会に逆戻りし、混乱の時代となることでしょう。だから、天皇の存在は貴重であり重要な「霊的な象徴としての役割」を再考する必要があるのです。
一方で、私たち国民も要としての象徴、スメラギと同じ霊的資質を内包しています。私たち一人ひとりの日本国民は象徴天皇をお手本とし、日々の研鑽に励むことが求められます。天皇陛下は日本国の歴史的統合の象徴でもあり、霊的な象徴でもあるのです。私たち大和民族個々の霊的な役割は、私たち自身に内在する尊い御霊の中に気付くこととも言えるからです。

スメラギの霊統と世界の現人神

「**君臨すれども、統治せず**」という国家体制がイギリス王家の在り方です。一般のイギリス国民は議会制民主主義において、選挙で議会の国会議員を選出し、首相を立てます。その上位にはエスタブリッシュメントの王家が君臨しています。そのエスタブリッシュメント王家の支配はヨーロッパ各国もそうです。では、アメリカはと言うと、アメリカは自由の国、民主主義の国と言われますが、現実はエスタブリッシュメントが存在しています。それは**ホワイトアングロサクソンプロテスタント**という、最初に移民をしてきた白人層で

君臨すれども、統治せず
18世紀後イギリスの君主の立場を示す言葉。立憲君主制の議会政治による政治制度をもたらした。

ホワイトアングロサクソンプロテスタント（WASP）
アメリカ建国以来、政治経済を支配するイギリス移民アングロサクソン系キリスト教プロテスタントを信仰する白人階層。

す。その白人たちが一番最初にニューヨーク周辺東部海岸十三州で独立を達成して、アメリカ合衆国という国を建国し、今もその財閥たちが、銀行、石油、鉄鋼産業などの資本や富を独占しています。

日本の霊性は、歴史的にも霊的な本質からも、古代から唯一存続する特異な霊的文明と文化です。例えば、西暦二〇二〇年の令和二年は、日本皇紀では二六八〇年です。日本の天皇家は、世界で一番古い王家王族が存続している血統的皇統です。

中国清朝のラストエンペラー、愛新覚羅溥儀は皇帝でしたが、天皇の方が霊格としては上の位です。**清朝**は十七世紀初頭に明朝を倒して満洲人ヌルハチが建国した国です。その清朝の霊性を保持するために、チベット仏教を採用しました。中国代々の皇帝は、時代の変遷と共に血統や王統が断絶しています。つまり、権力を得て皇帝の支配者になっても保持する霊統を持たないため、日本のスメラギが霊格として上位になるのです。

今のヨーロッパ各国には、かつての古代ローマ皇帝の下に位する現在のイギリスやフランス、ドイツ、ノルウェー、スウェーデン、デンマーク、オランダなどの王族が存在します。ローマ皇帝下の各地の大公（キング）が自分の領地で独立して国を形成し「公候伯子男」という貴族の**爵位**が制度化されたのが、今のヨーロッパの国々です。ヨーロッパの王家王室は、日本の皇室からすれば地方大名が独立したような立場です。日本の天皇の最高

清
1616〜1911
満州の女真族（満州族）のヌルハチが、豊臣朝鮮出兵により弱体した明を滅ぼし建国した征服王朝。チベット仏教を庇護し文化保護政策を取る。辛亥革命により滅亡し、その後中華民国が興る。

爵位
世襲貴族また恩賞功労の栄誉称号。公・候・伯・子・男の五爵の序列階級制度。

位からすると、いくら権力や覇権があったとしても、イギリスやヨーロッパの国々の王家と天皇家は、全く同等ではない、格が違う事実が世界王家の共通認識です。

スメラギとは、神と直接コンタクトできる役割の**現人神**として、現世に写し鏡として現れる霊格です。現人神というと戦前の軍国思想的な匂いがしますが、本来の現人神とはそのような霊的使命を持つ立場です。神のメッセージを直接受けることができる存在、現人神は、スメラギ即神としての証でもあります。天皇即位時の**大嘗祭**に献上するお米の地を亀の甲羅占い、亀卜（きぼく）によって決められます。甲羅の割れた方角でお米を献上する土地を占う亀卜は、古代から中国で行なわれていた神事が、そのまま現在も皇室の行事に伝承されていることを示しています。それ以外にも多種の霊的祭祀の主、現人神として神からのメッセージを直接受ける役割と霊的システムの保持者が、古代からスメラギとしての役割と立場なのです。

令和元年一一月の天皇即位の大嘗祭は、古代から引継がれる最重要儀式でした。それは全て神からの霊的なメッセージを受ける重要な御神事です。平成の明仁天皇の大嘗祭の祭祀殿には、全国各地方から集められた石を周りに敷きつめたと報道されたことを記憶しています。特に石というのは重要な存在です。日本全国から集められた霊石を「玉」の周り

現人神
人間の姿で神として現れた天皇の尊称。明治政府の国家神道で天皇の神性が強調された。

大嘗祭
天皇即位後に初めて行う新嘗祭。五穀豊穣を祈る皇位継承の儀式。

に敷きつめ、各地の霊石が持つ霊的メッセージを重んじ、国家の平安を祈ります。また日本全国から神饌として様々な海の幸山の幸などの食物が捧げられます。祭祀儀礼はスメラギの重要な役割であり、ウケヒとして霊体がかかるための依代でもあります。このような霊的な伝統を現在に守り伝える皇統、霊統を保持するスメラギは、世界の中でも唯一の存在です。これが日本国の天皇が重要な立場である明かしです。

昭和天皇は霊的能力が高い方と伝えられていますが、昭和天皇には戦中戦後、**三上照夫**という方が国師として、天皇に霊体からのメッセージを伝えたと語られています。三上照夫は、霊的取次役の「白日翁」という霊体から齊庭（ゆにわ）の降霊を通じて、更に上位の龍神の霊体からメッセージを戴いていました。三上照夫は、白日翁の霊体を降霊によってご神託を受け、昭和天皇が最終的にサンフランシスコ講和条約を受け入れる決断をされたと言われます。三上照夫は師の今津洪嶽老師から生来の霊的能力を見出され更にその力を磨きますが、この降霊のユニークな点は、三上照夫が天照大神や高次の霊体に直接コンタクトするのではなく、肉体を持たない霊体、白日翁という御老人にコンタクトをします。そして白日翁は龍神にコンタクトし、龍神が更に上の神様と繋ぐという、ワンクッション、ツークッションを経て霊体からメッセージを受け取ったと言われています。

三上照夫
1928〜1994
京都出身。臨済宗法燈派妙光寺老師今津洪嶽の弟子。齊庭の降霊を行う霊能者。戦後日本の政財界の指導者。

アジアの霊的経綸の祈り

私はチベットの仏縁から長年アジアに、特に中国や朝鮮半島の情勢に関心を持っています。それは、政治体制だけではなくアジアの霊的な発動に関することです。

笹目先生は、百年近く前に朝鮮半島北部、現北朝鮮の霊山**白頭山**に住む白頭仙人とお会いされました。笹目先生がお会いになられた時、白頭仙人は御年二百歳でいらしたと聞いていますので、今では三百歳近くということになります。

私は、朝鮮半島の白頭山におられる白頭仙人に呼びかけています。現在の朝鮮半島問題、東アジアや中国の問題など、「**東アジア共同体**の新たな将来ビジョンが、平和裏に霊的経綸として、発動しますように」と、白頭仙人に呼びかけ、メッセージを伺うようにしています。

そこには、呼びかけ方があります。いきなり白頭仙人にお声を掛けても「どこのどいつじゃ」と言われますので、私は笹目先生を通して、白頭仙人にお祈りをしています。霊的な世界も、知っている人からの紹介の方が有効なのです。

白頭山（ペクトゥサン）
北朝鮮と中国国境地帯にまたがる標高2774メートルの火山。頂上に湖がある。朝鮮民族の聖地霊山修行地として崇敬されている。

東アジア共同体
日本、中国、韓国、アセアンを中心とした政治、経済、金融、文化芸術、安全保障などで連携を深め地域統合をめざす構想。南北逆の日本海中心の広域周辺地域地図の視点から見える未来像。

現在の北朝鮮には、金正恩を取り巻く国家体制が存在します。そこには政治家や軍人だけではなく、霊的な指導者として**三十人の巫女集団**がおられると言われています。その巫女集団の長は、おそらく白頭仙人でしょう。共産主義になっても、最終的には霊体にお伺いを立てるところがアジアの国らしいです。またそのような霊的体系がアジアに保存されている視点が重要です。

笹目先生が、白頭山山頂の白頭仙人の元に参籠された時の風景はとても印象的です。白頭山山頂に座して南方を見下ろすと足元には湖水が、更に朝鮮半島が広がっています。その半島の東側には日本海、西側には黄海が広がり、眼下に広がるその風景を、笹目先生は、アジアの霊地の天極の一つであると感得されています。そして、白頭山の霊地から東は日本へ、また西のユーラシア大陸へと広がる霊的ネットワークが、将来の世界共生の道であり、このビジョンが二十一世紀の東アジア共同体への道への働きだと確信しています。

この視点から、アジアの大国である中国が、今後どのように展開していくのかが重要なポイントとなります。共産主義体制の中国は今後のアジアと世界を左右する重要な国家です。中国の霊的問題を、私は崑崙山脈に居られる崑崙仙人に、私は笹目先生を通して呼びかけ、崑崙仙人へアジアの経綸をお祈りしています。笹目先生が崑崙仙人と面授された時は、五百歳以上だったと聞いていますので、現在、崑崙仙人は六百歳以上でしょう。笹目

三十人の巫女集団
＊参照
「北朝鮮では『30人の巫女集団』が最終的な権限を持ち、国家を主導しています。」大宇宙連合からの啓示 p79 徳間書店、田村珠芳著

先生が白頭仙人にお会いされ、崑崙仙人を紹介されたことも重要です。

笹目先生は大本の聖師王仁三郎から大本の御神体である霊石を、崑崙山に埋めて欲しいと頼まれ、その使命を成就されました。崑崙仙人を通して、日本の霊的な意志が宿る石を崑崙山に奉納された霊的因縁の事象は、チベットとの重要な繋がりとなります。アジアで霊的体系が一番保存されてきた地は、チベットでしょう。しかし残念ながら現在のチベットは中国共産政治に弾圧され、一九五九年に**ダライラマ十四世**と十万人以上のチベット人がインドへの亡命を余儀なくされました。現在、世界中に亡命チベット人が暮らしています。中国領チベット地域では今も弾圧が続く一方で、欧米に広がるチベット仏教への関心は、科学者や学者、経済人、アーティストなど多くの知識層を中心に確実に根付いていきます。つまり、チベットが千五百年保ってきた智慧と慈悲の霊性の理論と実践が、政治的事態からのやむを得ぬ亡命を契機とし、西洋思想に影響を与えている事象があります。

現在、チベット、ウイグル、内モンゴルや少数民族などの多民族多宗教を統治する一党独裁の中国共産党中国は、圧倒的軍事力と政治力を以て共産一神教軍事原理主義的な支配を行なっています。中国共産社会の拝金主義を支えている富裕層中国人は、拠り所のない霊的な支柱を求め、チベット僧を個人的に雇い家内繁栄の祈祷させているとも聞き及びます。これは、皮肉な現実です。軍事的政治的な共産主義と経済的な拝金主義の中国のアンバランスを、チベット密教の霊的な加持力で何とか保っていると言える奇妙な時代です。

ダライラマ十四世　1935～　法名テンジン・ギャツォ。チベット仏教ゲルク派法王。1959年中国軍の侵略でインドに亡命しチベット亡命政府の指導者。欧米に広く仏法を説き、科学者との対話が続けらていれる。中国政府による干渉を避ける為、転生しないと明言した。1989年ノーベル平和賞受賞。

晩年の笹目秀和先生

奥多摩御岳山
多摩道院全景

崑崙仙人へは、チベット密教のルートからもお祈りをしています。崑崙仙人が六百歳以上だとすると、チベットでは丁度ニンマ派中興の祖、**ロンチェンパ**が活躍した時代までさかのぼることができます。またロンチェンパの法友、**カルマパ**三世や多くのゾクチェンやマハームドラーの成就者たちがチベットの霊性を研鑽し深めていった時代です。ですので、崑崙仙人への霊的な呼びかけには、インド密教の霊統保持者であり、チベット密教の祖師、**パドマサムバヴァ**への祈りが最も有効だと信じています。今後、世界の霊的ネットワークが、智慧と慈悲というブッダの恒久不変の教えを通して、世界共生の道の基盤になると確信しています。

笹目先生が、百年前の朝鮮、満州、中国、モンゴル、チベットとアジアの霊性を求めて大陸を自由自在に闊歩され、その精神を貫いた生き方は、先生の自叙伝「神仙の寵児」に生き生きとした活動が克明に書かれています。混迷の二十一世紀の今、アジアの平和とその霊的ビジョンを正視する為にも、笹目秀和という人物の生き方を顕彰すべき時だと感じます。笹目先生の霊的意志とビジョンを通して、私は常にアジアの霊性にチューニングをし、また現成公案としてのアジアの政治バランスを見つめています。

ロンチェンパ
1308～1364
ニンマ派の中興の祖。主著七宝蔵。
18世紀ジグメリンパが霊示で得た埋蔵教法ロンチェンニンティクは主流法脈。

カルマパ
カギュ派の祖ティロパ、ナロパ、マルパ、ミラレパ、ガンポパ、カルマパの主法脈を継ぐ転生者。

パドマサムバヴァ
8世紀北西印度ウッディヤーナ国出身。後期密教大成就者。吐蕃国王に招かれサムイェ寺院の落慶法要を行い密教、ゾクチェンを伝えた。

現人神の即身成仏

古代神道の時代から、天皇は現人神、スメラギとして神の声を聞く祭祀の主でした。平安時代には、アマテラスと密教の大日如来は同体という神仏習合思想に展開していきます。その本地垂迹神仏習合の思想から、アマテラスの本地は大日如来であり、天皇も大日如来の応身として、現人神の霊格を保ち、スメラギとしての霊統を守ってきました。

スメラギとは、神様の声を聞くことができる霊的能力を持つ存在です。その現人神は神様の声を聞いて、祀り事、政治を行いますが、時に霊的能力の低い天皇、神の声が聞けないという天皇が即位するということもあります。その時には、霊的能力を持った人が、現人神の代わりに霊的なメッセージを受ける人を立てます。それが本来の**摂政**です。また、霊的な能力を持つ現人神の代役として、上古から奈良時代にはそれらの神事は伊勢の**斎宮**の斎王に護られてきました。平安時代以後は、下鴨神社に齊院が置かれ皇女が斎王として神降ろしの場になります。

しかし、この理解からすると非常に微妙な視点が見えてきます。天皇はアマテラスの直

摂政
天皇の勅令を受け代わって政務を行なう職。天皇の代理。藤原摂関政治より常置の世襲となる。現憲法下では皇族のみ。

斎宮
伊勢神宮の祭祀を司る斎王宮。斎王、齊皇女は巫女として祭祀を行う。三重県明和町に齊宮跡発掘が進む。

系です。現人神を密教的に捉えると大日如来ですが、一方で、民衆の私たちも密教の修行を研鑽すれば、即身成仏として大日如来と一体になる可能性を秘めています。つまり、現人神の法身である大日如来の即身成仏が、誰にも可能性があることになります。

誰もが同じように高次の霊体と繋がる霊的修行システムが、密教に存在するからです。

・三笠宮崇仁、「文明のあけぼの　古代オリエントの世界」、集英社、二〇〇二年。
・三笠宮崇仁、『古代オリエント史と私』、学生社、一九八四年。
・香取正彦、『百禄の鐘（鐘作品集）』香取正彦、一九八一年。
・笹目恒雄、『神仙の寵児　全八巻）』、国書刊行会、一九九一年。
・山本七平、『裕仁天皇の昭和史』、祥伝社、二〇〇四年。
・富岡幸一郎、『天皇論 江藤淳と三島由紀夫』、文芸春秋、二〇二〇年。
・中堀豊著、『Y染色体からみた日本人』、岩波書店、二〇〇五年。
・浜尾実、『子供のほめ方叱り方』、PHP研究所、一九八一年。
・松本郁代、『天皇の即位儀礼と神仏』、吉川弘文館、二〇一七年。
・藤巻一保、『天皇の秘教 近代日本秘教全書』、学習研究社、二〇〇九年。
・藤巻一保、『吾輩は天皇なり 熊沢天皇事件』、学習研究社、二〇〇七年。
・菅野完、『日本会議の研究』、扶桑社、二〇一六年。
・佐野眞一、『阿片王 満州の夜と霧』、新潮文庫、二〇〇五年。
・中村宗一訳、『全訳 正法眼蔵 巻一』、誠信書房、一九七一年。
・林久義、『オウム信者脱会カウンセリング』、ダルマワークス、一九九五年。
・内田啓一著、『（シリーズ権力者と仏教2）後醍醐天皇と密教』、法藏館、二〇一〇年。
・落合莞爾、『明治維新の極秘計画「堀川政略」と「ウラ天皇」（落合秘史1）』、成甲書房、二〇一二年。
・落合莞爾、『南北朝こそ日本の機密 現皇室は南朝の末裔だ（落合秘史特別篇）』、成甲書房、二〇一三年。
・大野芳、『天皇の暗号 明治維新140年の玉手箱』、学研パブリッシング、二〇一一年。
・宮崎貞行、『天皇の国師 知られざる賢人三上照夫の真実』、学研パブリッシング、二〇一四年。
・高橋五郎、『天皇奇譚「昭和天皇の国師」が語った日本の秘話』、学研パブリッシング、二〇一一年。
・伊藤聡、『神道とは何か 神と仏の日本史』、中央公論新社、二〇一二年。
・米窪明美、『明治天皇の一日 皇室システムの伝統と現在』、新潮社、二〇〇六年。
・村上重良、『天皇の祭祀』、岩波書店、一九七七年。
・今谷明著、『天皇家はなぜ続いたか』、新人物往来社、一九九一年。
・安丸良夫、『神々の明治維新 神仏分離と廃仏毀釈』、岩波書店、一九七九年。
・田村珠芳、『大宇宙連合からの啓示』、徳間書店、二〇一二年。
・真鍋俊照、『邪教立川流』、筑摩書房、一九九九年。

吽
崇仁

第二章　神仏習合　日本的霊性の「吽」

1　神仏習合の日本の霊性

日本には全ての自然に神が宿るという**八百万（やおよろず）の神々**の思想があります。縄文時代から続く日本古来の原始アニミズムは、各地の霊的部族信仰をベースとしています。そして今も日本各地の住民は、土地の神様を**産土神**として祀っています。この日本古来の霊的信仰の中に、大陸から様々な宗教や神様が古代日本に伝えられ、多神教が形成されていきます。古代より、スメラギは霊格が一番高い存在と確認され、出雲では国譲りが行われました。一方で、熊襲や隼人、飛騨、蝦夷などでは大和政権が軍事行動でこれらの地方を制圧しながら、その霊性を大きな「和」として束ね、天皇を中心に大和朝廷が成立し、スメラギが霊的統合の象徴として存在します。

飛鳥白鳳時代、崇仏派の蘇我氏と古神道を主張する廃仏派の**物部**氏が争い、崇仏派の蘇我氏が勝ち、厩戸王（聖徳太子）が仏教を国の宗教として定めたと教科書に書かれています。国教を巡る争い以前に、既に当時は民間レベルで仏教が伝えられており、古神道と民間仏教の共存の時代でした。飛鳥時代以前から奈良時代までの古代は、大陸から**道教**や**陰陽道**仏教など様々な霊的体系が伝えられてきた国際的な時代です。インド密教も雑密とし

八百万の神々
全てのものに霊が宿る呪術的超自然観からの多神信仰。

産土神
出生地の霊体が当人を守護する土地神。

物部
古代有力豪族。古神道に立つ排仏派で崇仏派の曽我氏と対立し争った。

道教
古代から中国霊的自然観。不老長寿神仙思想、陰陽五行、易など精神文化思想。

陰陽道
道教思想が古代日本に伝播し国家機関陰陽寮の家系集団から広がった霊的思想。

て入ってきます。五世紀、九州の国東半島には仏教や雑密が移入され、インドからも直接行者やバラモン僧がやってきています。そしてほぼ同時期、岐阜の飛騨地方にも観音信仰として仏教が伝わっています。飛鳥から奈良時代には、**役行者**が孔雀明王經という密教経典を持って奈良の山奥、吉野の弥山に修行に入られ、弁財天を感得されます。飛鳥時代から奈良時代は、日本の霊的な面からみると多神教が成立していった時代です。

日本の霊性の発展にとって大きな役割を果たした存在は、**弘法大師空海**です。空海は平安時代初頭、中国で真言密教を学び帰国後、真言宗を開きます。彼が学んだ密教によって、それまでバラバラで雑多な日本の霊的な存在を、胎蔵界曼荼羅と金剛界曼荼羅の両界曼荼羅のフィルターの中に整えることができました。アニミズム古神道の霊的体系に、仏教として輸入された多種多様な神仏の霊的体系が、空海がもたらした密教曼荼羅思想に綺麗に整理整頓され、大日如来を中心とした四方八方に仏や菩薩、神族全ての霊体が密教思想へと深められ、曼荼羅という枠組みの中にピタっと納められたのです。道教や**儒教**など、アジアの様々な思想が日本に輸入され、何の系統も繋がりもないと思われた霊的体系が純密というインド密教思想によって、新たな霊性へと発展し、ステップアップしたのです。

そこには仏教だけではなく、中国やインドの神様を含む古神道の霊的体系、アマテラス系天孫族天津神や各地の地方豪族が信仰している国津神系豊受大神などあらゆる霊体を含

役行者（役小角）
634〜701伝
陰陽道神仙術密教を取り入れ日本山岳修験道開祖とされる。
神変大菩薩

弘法大師空海
774〜835
真言宗の開祖。唐の恵果阿闍梨から金胎両界曼荼羅思想の密教を学ぶ。東寺、高野山など各地に寺院を建立。民衆救済慈善事業も行なった。
遍照金剛。

儒教（孔子思想学問）仁義礼智信忠孝悌を重じる人生規範の哲学思想。東アジアや日本の礼節儀礼、価値観の基。

む、八百万の神々が曼荼羅に統合され、日本的霊性の進化へと重要な役割を果たします。曼荼羅思想の中で全ての霊的な存在を、霊的ヒエラルキーの曼荼羅神殿構造の内に統合させた弘法大師の功績は、日本の霊性の発展にとって重要な役割を果たしました。

もう一つ重要な霊的功績を果たした存在が、平安時代の天台宗です。この天台密教の仏教思想が日本の神々と照らし合わされ、**神仏習合**という日本独自の霊的思想体系として統合されました。これは天台密教の非常に大きな功績です。曼荼羅の中心には大日如来が存在し、その霊体が天津神系のスメラギ、アマテラスの霊統と同体であると理解されました。

天台宗を開いた**伝教大師最澄**は、空海と同時期に遣唐使として中国に渡り、**中国天台宗**の教えを学びます。帰国後、空海が輸入した真言密教を学びたく、初めは自らが空海の弟子となり密教を学びますが、二人の関係に亀裂が入ると、弟子の円珍と円仁を直接中国で密教を学ばせ、天台密教が確立されました。

天台宗比叡山延暦寺は最澄が建てた**鎮護国家**のお寺です。桓武天皇は最澄と共に強大な政治権力を持った奈良仏教に対抗し、京の鬼門に比叡山延暦寺を開山します。比叡山は唐から輸入した最新の仏教、法華経、禅、浄土信仰、密教などを取り入れ、総合仏教大学として研究を深めていきます。そして天台密教の視点から、古代から日本に伝わる様々な神様たちを、インド密教の仏や菩薩と符合させていきます。この神仏習合という霊的思想体

神仏習合
神道の神々と仏教の仏や菩薩が融合した霊的信仰体系を再構築した、日本独自の宗教思想。

伝教大師最澄
766～822
天台宗開祖。唐で天台法華宗や密教を学び帰国後、鎮護国家の為の比叡山延暦寺建立。法華、浄土、禅など総合仏教大学の役割から多くの仏教者を輩出した。

中国天台宗
6世紀、随の智顗が開いた法華経を根本とし止観を実践とする宗派。

両界曼荼羅

金剛界曼荼羅

金剛頂経に理趣経を加え、一幅の九会とした日本密教独自の曼荼羅構成。

胎蔵界曼荼羅

大日経（大毘盧遮那成仏神変加持経）に基づき、中台八葉院を中心に１２院を構成する曼荼羅。

右　弘法大師空海

左　伝教大師最澄

Wikipedia より

鎮護国家

仏教の法力や祈祷によって、国家の災いを守護し安泰を求める思想。

系が平安時代に確立され、**天台密教**理論に基付き、古代からの日本各地の八百万の神々を仏教と共に総合的に祀り、日吉大社や日枝神社として祀ります。ですので、日吉大社にお祈りすると、日本の全ての神々を網羅してお祈りすることになるのです。

平安時代には、神様は垂迹としての権現であり、仏様は本地としての本体であり、本質的には同じという神仏習合の理論として、**本地垂迹説**の霊的体系が構築されていきます。日本に輸入された密教が、独自の霊学思想と曼荼羅理論から天台教学を基盤に、本地垂迹説という神仏習合の思想として開花したのです。この天台宗の霊学思想は、日本の霊的昇華としての重要な貢献を果たしました。

日本では、聖徳太子の飛鳥時代に廃仏派と崇仏派の戦いが起きましたが、その後平安時代からは仏教と神道は喧嘩をせず、互いを上手に結び付け、仏教も神道の神様を敬い、神道が仏教教義と実践を取り入れるという、共存共栄の発展的霊体系が確立したのです。天台密教は、神仏習合という霊的役割を確立した大きな功績を残しました。

例えば、飛騨山脈には古代より御嶽大権現様として民衆の信仰を集めた霊山で有名な御嶽山があります。御嶽大権現は垂迹としては権現の姿ですが、その本地は阿弥陀如来、十一面観音、また大日如来、不動明王などと、各々の行者たちの霊感によって感得された本地法身の姿があります。そして、行者たちの霊的広域ネットワークとして日本全国の霊

天台密教（台密）
最澄の弟子、唐で中国密教を学んだ円珍と円仁によって完成した天台宗の密教。

本地垂迹説
神仏習合の理論体系仏や菩薩を本地とし、神々は仮の現れであるとする霊的理論体系。本地も垂迹も行者の霊感によるところが大きい。

山王神道
天台教学と台密思想から生まれた神仏習合の神道の流派。

場と結ばれ、霊的因縁が深められ、本地垂迹の霊的体系理論に裏付けられた霊山が日本全国各地に位置付けられ、互いに結びつけられていきます。

この本地垂迹説、神仏習合という霊的思想体系は同時に、実践修行体系としても確立していきます。密教曼荼羅理論の教相（理論）と実相（実践）に対応させ、行体系や儀礼体系などが神道の中にも移入され、神仏習合の理論と実践が確立していきます。古代の神武天皇から伝えられてきた皇室の霊的体系の中に、古代の神道と同じ霊的理論体系修行体系として中国経由のインド密教体系が加わることで、霊的統合が行なわれました。それは皇室や国家体制の神道の中だけではなく、全国の民間神社にも天台密教や真言密教の教理が浸透していきます。平安時代から江戸末期まで、皇室系神社や全国各地の神社の中では、密教の理論と実践修行がそのまま神道の修行として、**山王神道**（天台宗系）や**両部神道**（真言宗系）、また修験道に継承されていきます。その神仏習合、本地垂迹の霊的体系は、平安時代から江戸時代末期まで約千年の間、長く日本の土壌の中で醸されてきました。

更に、この顕教密教の霊的体系（顕密仏教）は、中世において**権門体制**として円熟し、神仏習合の**寺社勢力**は独自の自治社会形態と世界観を形成してゆきます。この存在は、天皇や貴族を中心とした朝廷と武家集団に対し第三の権力として、民衆にとっての霊的な拠り処として重要な役割を果たしていきます。

両部神道　両界曼荼羅の仏菩薩を本地とする真言宗から解釈された神仏習合の神道の流派。

修験道　山に籠り霊験を得る古神道が密教を取り入れた在家山岳実践宗教。役行者が開祖とされる。明治5年修験禁止令発布。

権門体制　朝廷公家権力（執政）、宗教権力（護持）、武家権力（守護）の三つ巴の勢力が荘園の経済基盤を基に共存した中世の支配権力構造。戦国時代の荘園制の崩壊で消滅した

古神道、修験道、密教の霊的行体系の系譜

現人神の天皇、スメラギは世界的に見ても霊格が一番高く、神様から霊示を受ける存在とお話ししました。歴代において霊格の高い方もおられましたが、そうではない方は摂政を立て神事を行なったとも先の章で語りました。しかし、この霊格は天皇だけではなく、私たち一般の民衆も同じ修行を行なうことで、同じ神様や仏様の声を聞くことができる、霊的な存在でもあるということが、ここでのテーマです。

古神道、修験道、密教には、古代から蓄積されてきた密教的な霊的行体系が保持されていると捉えることができます。奈良時代以前の超古代から、国家が関与しない民衆の中に、霊的因縁を以て修行を行う集団が各地に存在しました。ある時はインド人や中国人が大陸から直接日本に渡来したり、ある時には日本人が大陸に渡り霊的な教えを受けて修行を深める、このようなアジアの霊性が開花した時代が古代にはありました。奈良時代、役行者が初期密教経典の**孔雀明王経**の行体系を修行して、吉野の弥山本体が弁財天の霊体であると感得されました。その霊体は**蔵王権現**と感得され、それが全国の修験道の霊的な柱とし

孔雀明王経
初期密教経典。毒蛇に噛まれた比丘に釈尊が授けた孔雀王の陀羅尼の功徳が説かれる。役行者の修行法。雨乞い病魔息災の秘法とされた。

蔵王権現
修験道の本尊、役行者が感得した霊験最強の日本独自の仏、金剛蔵王権現。

て、形成されてきます。

修験道の山は、**日本九峰**といわれる熊野や吉野の大峯、立山、白山、富士山、東北出羽三山、日光、四国の石鎚山、伯耆大山、九州の彦山、国東半島などの霊山があり、修験道の霊場が今も山岳信仰として全国各地に大小無数に存在しています。このような修験道の行者、**山伏**たちの霊的なエリアは、緩やかなネットワークを通して、全国に広がり、日本国土の地形に重なるように精神的な屋台骨となっています。

弘法大師空海自身も吉野山中で修行されますが、唐に渡る前には飛騨でも修行されていたと聞いています。弘法大師に限らず修験行者、山伏たちは、全国各地の土地や山々を歩き巡り、そこでの鉱物や薬草といった天然資源を生かす技術者でもありました。そして修験行者たちのネットワークと錬金知識が、各地で役立てられます。例えば、水銀を金と混ぜ火であぶり水銀を蒸発させ、仏像や仏具に金メッキを行なう鍍金の技術があります。水銀は丹生（にゅう）と呼ばれ、とても貴重な鉱物です。飛騨にも丹生川という地名がありますし、吉野にも丹生川という地名があります。山伏集団は金、銀、銅、鉄などの鉱物技術知識に長けており、霊的なネットワークと同時に独自の技術者集団ネットワークとしても機能していました。鉱物に限らず、薬草などの医学知識、また暦や占いなど、生活に密着した知識を広く民衆に広める活動をしていたのです。弘法大師に代表される修験行者はこのような技術や知識を以て、各地の地域で山伏や**聖**（ひじり）として生きながら、更に

日本九峰
大峯、立山、白山、富士山、出羽三山、日光、石鎚山、伯耆大山、彦山などの修験道の霊山。

山伏
兜巾を冠り、錫杖を持ち、篠懸の衣を纏い、ホラ貝を吹き、霊地霊山で修行する修験行者。

聖（ひじり）
世を捨て仏道修行をしながら、俗世間を遊行し仏縁を説く者

は技術者、技術集団として全国各地の霊場を渡り歩いていたのです。

　この霊場のネットワークには、政治的な匂いはしません。むしろ古代から、一人ひとりの行者が集う霊場で直感で感じ取ることができる霊的体験の積み重ね、後に修験道として確立されていくスピリチュアルフィールドネットワーク、霊場網が形成されてきました。日本全国各地には重要な修行の場が今も存在します。

　元々、神道や修験道とも名前も付かない精霊崇拝信仰に古代の霊的源流があります。時代時代に、霊性を感じられる人たちが日本各地の霊的なフィールドに住み、霊場が形成されていきました。このような場では、海の幸山の幸の恵みを戴き、大いなる自然の力に感謝し、祈りの祭礼を行ない、天地のエネルギーの働きに畏敬の念を抱く、霊的な暮らしがありました。その日本の霊的な源流の姿に、インドからは初期密教経典、中国からは道教や陰陽道など様々な行体系がシルクロードや東南アジアの海路を経由して伝えられ、日本の地で長く醸されてきたのでした。


　江戸時代末期までは、日本人口の七割ほどが修験行者だと言われています。当時の日本民衆がほぼ修験行者であり、日々の生活自体が霊的世界観の中に生きていたと言ってもいいでしょう。つまり、民衆の生活の中には霊性に基づいた生き方が浸透していたのです。また先述した中世の寺社勢力が独立的自治勢力であったことが再考されています。中でも、山伏や聖、遊行者の活動が、民衆の中での霊性を深める重要な役割を担っていました。

山伏だから常に山に篭って修行しているかというとそうではありません。**里修験**という言葉があるように、日頃は村や町にいながらも修験の精神世界観を持って生活しています。そして、時を定めて「講」と言うサークル仲間たちと霊山に入って修行をします。里や村の中でも、修行に行った人から教えを聞いたりし、修験修行の精神世界観が民衆の中にも広がっていきます。特に修験の中には職能集団として、例えば医者や薬屋であったり、占い師や祈祷師であったり、そのような霊的な職業が町や村の中で成り立っていました。山伏たちは「先達（せんだつ、せんだち）」を中心とした講を形成し霊山に入りお祈りをし、里の神社でも儀式を行います。この霊的社会は、江戸末期まで続き、活気ある民衆精神文化として定着していきます。

しかし残念ながら、明治維新の廃仏毀釈が行われ、明治四年の**修験道禁止令**が出されたことで、古神道、修験道は一切禁止となり、それまでの講は宗教団体になり、神社や寺院と共に**宗教法人法**で管理されるようになりました。このような明治維新の大きな破仏の流れが今に繋がります。更に言えば、古代から続く日本の精神文明が壊され縛られ管理され、万世一系原理主義の国家神道として、戦争に突入していった霊的変遷の歴史と見ることができます。

里修験
江戸時代幕府が遊行を禁止した為、山伏や修験者が里に定着し庶民に修験文化を広め、講を組織し山岳修験を行なった。

修験道禁止令
神仏分離令に続き、１８７２年修験道が禁止され山伏は還俗を強制された。

宗教法人法
宗教団体に財産所有事業維持運営の為に認証により法人格を与えた。全国に約１８万存在する。

廃仏毀釈と国家神道への道

私たち日本人は、お正月に神社へ初詣に行きます。神社では鳥居をくぐり、御手洗で身を清め、お賽銭を喜捨し、鈴を鳴らし、二礼二柏手一礼をします。また結婚式や七五三などで神主さんに御祓をして頂き、暮らしの様々な場面で神社にお祈りに行きます。一般の私たちが神道の修行をしようとすると、滝に打たれるとか、六根清浄を唱えて山に登るとか、そんなイメージがあります。私たちは神社の中で神主さんたちがどういう修行をされているかは、余り知る機会がありません。実際には、神社の神主さんたちは神道系の学校というスクールシステムで学びます。神道系では、皇學館大学や國學院大学が有名です。

神道の教学と行体系のシステムは、平安時代に確立した神道の中に密教が移入された密教体系の影響を受けています。平安時代から江戸末期までは、皇室から地方各地のどこの神社でも、神道修行は密教霊学体系が核を成しています。江戸末期までは神仏習合として、神社の中にお寺があり神官と僧侶が共存し、伊勢神宮や熱田神宮など、全国各地の神宮には**神宮寺**が併設されていました。

寺社勢力
権門勢力の一つ。寺社や神社が独自の軍事経済文化を保つ自治勢力。

神宮寺
神仏習合思想から神社に附属する仏教寺院。宮寺、護国寺

神仏分離令
1868年王政復古の実現の為、神仏習合を禁止し神社寺院、神仏を区別させた太政官布告。

廃仏毀釈
神仏分離令により寺院、仏像、経典を破棄し僧侶を還俗させる法難。

　しかし、明治維新直後の**神仏分離令**によって、全国各地の仏教寺院は破壊され、仏像や仏具は壊され経典は焼かれるという**廃仏毀釈**が行なわれました。この明治維新の政策は、日本の霊的な霊統を歪め断ち切る歴史的な大事件でした。藤原氏の氏寺である**興福寺**の五重塔が二束三文で売り出されたり、奈良の石上神宮の**内山永久寺**は完全に破壊され消滅してしまいます。当時日本中の格式のあるお寺の仏像がゴミのように捨てられ、それを西洋人の美術家がタダ同然で買い集めました。その結果、現代のロンドンやパリ、ボストンの美術館などに、希少な価値の美術品として保管されています。この破仏は、古代から日本人が大切に守ってきた霊性にとって非常に大きなダメージを与え、日本の霊性を破壊した大事件でした。これが明治維新の廃仏毀釈です。政治的視点から見れば、中世より権門体制の一角にそびえる寺社勢力の自由自治権を削ぐために、江戸幕府が寺受制度や檀家制度などで仏教寺院の力を弱めた政策以上に、明治維新の廃仏は、寺社の権力を完全に削ぐことに成功しました。そして明治政府は、明治天皇を神格化した万世一系の**国家神道**として大日本帝国憲法に定められた国家体制となりました。

　現代は、神道ブーム、神社ブームと言われています。伊勢神宮やどこの神社へ行っても、多くの人たちがお参りされ、とても尊いことだと思います。しかし、本来の日本的霊性の姿は、廃仏毀釈以前の神社とお寺の在り方です。つまり神様と仏様が仲良く共存し、人々がその霊性を目指して心ある生活の中に暮らす姿、神様と仏様が一体である日本的霊性の

興福寺
奈良仏教南都六宗の内、法相宗の本山。藤原氏の氏寺。法相宗に薬師寺、清水寺がある。

内山永久寺
奈良県天理市の石上神宮の神宮寺。興福寺の末寺。壮大壮麗な伽藍であったが、明治の廃仏毀釈で跡形なく破壊された、

国家神道
明治維新後の国家民族宗教政策とし、皇祖神天照大神を中心に祀る神道の形態。戦後GHQによって国家神道の廃止と政教分離が命じられた。

本当の姿が忘れさられてしまった現代は、残念なものがあります。

先日、九州の宇佐神宮にお参りさせて戴きました。**宇佐神宮**は伊勢神宮に次ぐ第二の神宮と言われるほど重要な神社です。歴史的に有名な事件は、奈良時代に**弓削道鏡**という僧が皇室を乗っ取ろうとした時、**和気清麻呂**が勅使となり宇佐八幡宮に派遣され、「わが国は開闢(かいびゃく)このかた、君臣のこと定まれり。臣をもて君とする、いまだこれあらず」とご神託を受けた場所が宇佐神宮です。それほどに霊格が高い神降ろしの霊場です。宇佐神宮で感動したことは、廃仏毀釈前の姿です。大分県立歴史博物館には廃仏毀釈以前の宇佐神宮のジオラマが展示されています。神宮の山全体に多くのお宮があり、更に多くのお寺の姿がありました。お宮の数よりもお寺の数が多いのです。お寺の他にも多くの僧坊や五重塔、多宝塔があり、廃仏毀釈以前の宇佐神宮の霊山がみごとに再現されています。残念ながら現在の宇佐神宮にはお寺の姿形は一切なく、礎石のみが残っているだけです。誠に残念です。明治以前には、どこの神社にもお寺が併設され共存していたのですが、私たちが現在知っている神社の姿とは、廃仏毀釈以後の国家神道の神社の姿なのです。

宇佐神宮
大分県宇佐市にある全国4万八幡宮の総本社。八幡大神応神天皇が主祭神。旧名宇佐八幡宮弥勒寺。

弓削道鏡
700?~772
女性孝謙上皇の病看病寵愛から大臣から法王と出世し皇位継承を企てたが、宇佐八幡伸のご神託で即位は絶たれた。

和気清麻呂
733~799
銅鏡の皇位継承の企てを虚偽と上申し、宇佐八幡神の神託を受け未然に防いだ。

年表

4世紀半ば、大和政権成立
538　百済聖明王、日本に仏像・経典を献ず
587　蘇我馬子,物部氏を滅ぼす
604　厩宿王（聖徳太子）憲法十七条制定
645　大化改新
672　壬申の乱　天武天皇(位673~686)
710　聖武天皇平城京遷都　大仏造営
712『古事記』成立
770　道鏡失脚
794　桓武天皇平安京遷都
805　最澄帰国、天台宗を開く
806　空海帰国、真言宗を開く
919　空也,念仏を説く
985　源信『往生要集』
1185 平氏滅亡、源頼朝鎌倉幕府を開く、諸国に守護・地頭を設置
1221 承久の乱
1227 道元帰国、曹洞宗を伝える
1253 日蓮、法華宗を開く
1274 元軍遠征文永の役　1281 元軍再遠征弘安の役
1274 一遍、時宗を開く
1334 建武の新政　後醍醐天皇(位1318~1339)
1336 南北朝に分裂　足利尊氏室町幕府を開く
1392 南北朝合一
1467 応仁の乱始まる
1543 イエズス会ザビエル種子島に漂着、キリスト教と鉄砲をもたらす。
1582 織田信長の死　本能寺の変
1600 関ヶ原の戦い　徳川家康江戸幕府を開く
1853 ペリー、浦賀に黒船来航
1867 大政奉還
1868 明治維新　太政官令廃仏毀釈始まる
1877 西南戦争
1889 大日本帝国憲法発布
1989 日清戦争
1904 日露戦争
1911 辛亥革命　翌1912 中華民国建国
1913 チベット、独立宣言
1914 第一次世界大戦
1931 満州事件
1941.12.8 真珠湾攻撃　太平洋戦争始まる
1945.8.15 玉音放送にてポツダム宣言受諾　終戦勅令
1946 日本国憲法公布　翌1947 日本国憲法施行
1951 サンフランシスコ平和条約,日米安全保障条約調印
1959 中国共産軍チベット侵略、ダライラマインド亡命
1985 プラザ合意　バブル経済始まる
2019 令和元年
2020 新型コロナウイルス蔓延
2021 東京オリンピックパラリンピック

2 艮の金神、荒神、荒御霊、産土神のエネルギー

古代からの霊的体系は、皇室の玉を中心とした国家体制の中でその霊統が今も守り伝えられていますし、一般民衆の中にも古神道や修験道という形態として、同質の霊的体系が伝承されてきました。この日本の霊的文明の流れは、江戸時代まで皇室を中心とした国家体制の中で行なわれている霊的行体系と民衆の中に伝わる霊的体系の骨格は同質です。

国家体制の御神事も民衆レベルの御神事も、神仏の霊体との繋がりは同じ霊的体系として行なわれていました。そして、明治維新以降、国家体制が国家神道へと舵を切ることで、このような霊的慣習は西洋文明の浸透と共に薄れたかのように感じます。

しかし、私たち民衆が持つ霊的な目覚めは、時として政治的な流れには染まらないダイナミックな躍動感を持っています。この時代の躍動感とは、天理、金光、黒住、大本、そして岡本天明氏へと花開いた霊的な覚醒意識の開示の流れと見ることができます。江戸末期から、**天理教**、**黒住教**、**金光教**の開祖となる人たちが、霊的な啓示、霊示、メッセージを受けた霊的潮流です。例えば、艮の神様の霊体からメッセージを受けた中山みきという

天理教
1838年中山みきに親神天理王命が憑依し霊示を受け、おふでさきに記す。因縁を晴らし陽気ぐらしを目指す。

黒住教
1814年黒住宗忠が親神天照大神と一体になる霊験天命直授を得る。日拝の祈りと「まること」で神の分心と説く。

金光教
1859年川手文治郎に天地金乃神から生神金光大神の取次で助けを受け、助け合う信心を説く。

女性です。この霊示は「おふでさき」として自動書記で書かれ、その後天理教として全国に広がっていきます。中山みきの天理教の他にも、黒住教や金光教が、幕末三大新宗教へと民衆の中に霊的エネルギーとして広がっていきます。

そして明治二五年、艮の金神が、**大本**の出口なおにかかります。なぜ大本なのかと言うと、それまで古代から伝わる様々な霊的体系の流派が、聖師出口王仁三郎の働きで全て大本の源流に集まってきたとして、大本と呼ばれます。この流れの霊体系は、天津神系というよりは、国津神系豊受大神、ネイティブジャパニーズの霊的なエネルギーを受けて、神がかります。学問用語では「憑依する」とも言いますが、古神道では「かかる」と言います。神社でも霊体がかかるように御幣を依り代として神社の真ん中に置きます。そして、かかるのは御幣にだけではなく、人にかかることもあります。江戸末期に天理、黒住、金光、大本の開祖に次々とかかっていった霊的現象が、日本の土地の神様、霊体系では**国常立尊**という霊的なエネルギーです。

一般に、艮金神(うしとらのこんじん)、と言われる霊体です。

風水では、艮の鬼門にトイレを作っては駄目だと言われます。トイレは不浄な場所なので、汚れたもの不浄なものを艮金神様の方位の北東に置くと、金神様は不浄を嫌がり、失礼に当たる、吉としない、凶である、怒りをかって祟られると言われる理由です。また、

大本
1892年出口なおに艮の金神が憑依し娘婿王仁三郎と教団組織。世の立て直しを唱え不敬罪で弾圧を受ける。大本神諭霊界物語の霊示から神人合一を説く。

国常立尊
古事記に神世七代の独神とある。日本書紀に天地開闢最初の神とある。根源神ともされ大本では艮の金神と位置づけた。

風水
易や陰陽五行に基付き氣の流れを読み地形や時間の吉凶を制御する霊的技術。

艮の神様は祟り神、荒神なので、そこを犯すな汚すな荒らすなとも言われます。暦でも巡り金神は、大凶なので気を付けなさいと示されます。

この鬼門の霊体は、古代から艮金神、荒神、荒御霊と言われている霊体です。特に艮の金神と言われる土地神様、これが日本の大地に秘められた霊的なエネルギー、日本国土の産土神でもあります。この霊体の本体は、古代から国常立尊と言われています。更に言うなら、この国常立尊である艮の大地の霊体を、国津神、豊受大神と言い換えることができます。天孫族が日本に入ってきた時、天津神がネイティブジャパニーズのスピリットである国津神の霊体を、荒神として封じ込めたのです。ですので、国津神、豊受大神、国常立尊、艮の金神と呼ばれる存在は、私たち古代より日本の民衆が礼拝していた霊体なのです。

ネイティブジャパニーズといえば、出雲族の大国主尊は平和的に大和に国を譲った国譲りが神話に記されています。逆に、熊襲や蝦夷などには、天孫族の軍隊が征伐に行きます。日本武尊は日本各地に征伐に行き、国を平たく統合していきました。そして最後の最後に征伐されたのが、飛騨族です。

まつろわぬ民　飛騨の豪族両面宿儺

大嘗祭で代々の天皇は、四国の剣山の**忌部**族が育てた麻で織った**麁服**（あらたえ）という衣を着衣されます。また、天皇陛下が即位式で持つ笏は、必ず飛騨の位山のアララギの木で作った**笏**と決まっています。これは古代からの取り決めとして伝わっています。

五世紀の応神天皇の時代、飛騨の豪族**両面宿儺**は、まつろわぬ民として大和朝廷に最後まで抵抗した人物です。両面宿儺は顔が表裏に二つ、手が四本、足も四本持つ怪物として、日本書紀に記されています。大和の土地に度々現れ、人を連れ去る悪い鬼神と書かれています。しかし、飛騨人はそんなことを、現代でも誰も信じてはいません。もともと飛騨の人を連れ去っていたのは大和だと主張します。飛鳥地方にお寺を作るから数年間木工の技術者を貸して欲しいと、租庸調の使役として連れていかれました。一年の使役のはずが、何年も帰してもらえず、そこで両面宿儺が使役の飛騨人たちを連れ戻しに行ったのだ、と主張します。飛騨の匠は、飛鳥奈良時代に都の造営には欠かせない最先端の木工技術だったのです。奈良の橿原市には飛騨町という地名が今も残っています。その匠の職業技術集団が、飛騨人です。

忌部
古代朝廷の祭具宮殿造営を行なった職能集団の部民。品部忌部に、玉を納める出雲、木を納める紀伊、麻綿を納める阿波、盾を納める讃岐がある。

麁服（あらたえ）
神に献上する麻で織った衣服。古代より阿波忌部が麁服を献納している。

笏
皇族貴族神職の儀式事に束帯と共に右手に持つ長形の板。

両面宿儺
古代飛騨の豪族。旧飛騨街道沿いに崇敬伝承が多数ある。

日本書紀には大和側の主張として、顔が二つ手足四本の化け物、まつろわぬ民の族長、両面宿儺を大和朝廷軍が成敗したと記されていますが、飛騨では、両面宿儺が観音様の生まれ変わりとして、慈悲ある族長、飛騨人たちを外来の武力勢力から防いでくれた英雄として今もなお語り継がれています。両面宿儺は、飛騨人を戦渦から守る為、奥山に陣をおきます。何度も朝廷軍を追い返し見事な戦いぶりでしたが、最後に武振熊（たけふるくま）が率いる朝廷軍に追われ、両面窟という洞窟に立て籠ります。そこで、両面宿儺は取引をします。

「自分の首を差し出すから、飛騨の人たちを守って欲しい」と。

実際に首が二つあったかは解りません。人間ですので多分一つと思いますが、そこには柔和と憤怒の相、内と外、里と奥、また位山の二極分水という象徴があったのでしょう。それ以来、天皇の即位式には、和平の印として飛騨の位山のアララギの木で作った笏を持つという取り決めがされたと飛騨には伝わっています。そして、このアララギの木に、正一位という位が与えられます。これが一般的な名、イチイの木と言われる木です。両面宿儺がお祈りをしていた聖なる山にも位が付き、**位山**と呼ばれています。

両面宿儺は、位山巨石文明の痕跡に象徴されるように、**竹内文書**に記された超古代文明の末裔とも言われています。

日本書紀
奈良時代編纂された日本最古の歴史書。神代から持統天皇まで全30巻に政治色が濃い。

位山
岐阜県高山市（宮村）の1529mの分水嶺の山。飛騨一宮水無神社の御神体。天孫降臨、天の岩戸や巨石群がある。

竹内文書
天神7代上古25代不合朝73代後に現皇朝に続くと記す古代歴史書と文物群。竹内宿禰の孫平群真鳥が写本編纂する。学会では偽書とされている。

後醍醐天皇の笏
飛騨水無神社奉納

円空作　両面宿儺像
高山市丹生川町千光寺所蔵

日本書紀の原文 巻第十一 大鷦鷯天皇 おおさぎのすめらみこと 仁徳天皇

六十五年、飛騨国有一人。曰宿儺。其為人、壱体有両面。面各相背。頂合無項。各有手足。其有膝而無膕踵。力多以軽捷。左右佩劍、四手並用弓矢。是以、不随皇命。掠略人民為楽。於是、遣和珥臣祖難波根子武振熊而誅之。

六十五年、飛騨の国に宿儺という人があり、体は一つで二つの顔があった。顔は背き合っていて、頂きは一つになり、うなじはなかった。それぞれ手足があり、膝はあるがひかがみ(膝の後ろの窪んだ部分)はなかった。力は強くて敏捷であった。左右に剣を佩いて(刀を腰に帯びること)、四つの手に弓矢を使った。皇命に従わず、人民を略奪するのを楽しみとした。それで和珥(わに)臣の先祖の難波根子武振熊(なにわのねこたけふるくま)を遣わして殺させた。

艮の金神の霊性の源流

この飛騨の話は、日本の歴史をよく物語っています。日本各地の勢力が、時には平和的に、時には飛騨人のようにまつろわぬ民として抵抗しながらも、最後には大きな和、大和に組み込まれていきます。飛騨の地は、地形的にも飛鳥や奈良の都から見ると艮の方角です。そして、艮の金神として忌み嫌われながらもその霊性が祀られてきました。

このように日本には、古代からの土地の霊性が艮の金神として各地に存在しています。飛騨の人たちは日頃は大人しく優しいのですが、百姓一揆のように一回火が付くと一瞬にして立ち上がります。江戸時代、美濃や飛騨では**郡上一揆**や**大原騒動**という大規模な百姓一揆が起こりました。飛騨や美濃尾張の人たちは、一度目覚めると力強い地域的霊性が発動するとみられます。戦国時代、織田信長や豊臣秀吉、明智光秀など多くの武将たちが、美濃尾張の出身だということも頷けます。時代の転換点において、このようなエネルギーが大地の霊性から沸き起こってくるのです。

統治する側、国家体制を守るエスタブリッシュメント側、国体を護持する人たちは、そのエネルギーを封じ込める政策を常にとってきました。この統治者が民を支配する政策の

大原騒動
1771〜1788間に天領飛騨代官の悪政に対し、直訴や駕篭訴を行なうが、次第に飛騨全域で大規模な百姓一揆へと発生していった。組織的計画的に戦い百姓側が勝利した。

郡上一揆
1754から4年間の郡上藩主の年貢増収の改悪に対し、重なる一揆、強訴や幕府への箱訴で全農民が処分を受けたが幕府首脳まで処分を受けた異例の一揆。郡上郡全百十五村代表が傘連判状を出した。

意味と方法論を読み解くと、世界の本質が見えてきます。一番成功した政策は、江戸時代の三猿政策、「見猿、言わ猿、聞か猿」でしょう。日光東照宮のこの有名な彫刻を彫った人物が、皮肉にも飛騨の名工、左甚五郎です。国家体制を護持する人たちは、民衆に目覚めてもらっては一番困るのです。だから、霊体を封じ込めるために、霊体そのものを荒神として忌み嫌ったのです。

つまり、艮の金神、荒神、荒御霊とは、歴史上国家体制に封じ込められてきた、私たち民衆の霊性と理解できます。

ところが、表面上は押さえ込まれたと思われる艮の金神のエネルギーは、完全には封じ込められない性質を持っています。時に泉のように湧き上がり、火山のように噴火したりします。本来の霊性の発動を止めるには無理があるからです。それが天理、金光、黒住、大本、日月神示という御筆先や霊示、啓示、メッセージというかたちで、氣が熟すと突然変異のように現れてきます。その下地となったのが、古代から修験道や古神道、密教と言われる民間に伝わる霊的系譜です。皇統の中に神事や神の祀り事として伝わっているものと同じ霊的体系が古神道や修験道、密教に脈々と庶民の中に相伝されてきたのです。

民衆の霊性に関してもう一つ注目すべきことは、飛鳥白鳳時代に仏像が衆生を救う霊力を持つ像法の時代として、インドから中国を経て、黄金の阿弥陀仏像が日本に渡り、**信濃**

の善光寺に納まったことです。その阿弥陀様を慕って脇侍の観音仏像もまた、**尾張の甚目寺**に納まります。仏教を国教と定める同時代に既に日本各地に仏教が民衆レベルで浸透し、仏像自体が霊力を持ち民衆救済のシンボルとして日本各地に根ざしていたのです。

これら民衆レベルでの仏教伝来は、大陸から各地にもたらされた密教経典や大乗経典などの信仰と行体系が、観音信仰や浄土信仰、不動明王信仰、弥勒信仰など深く浸透していきます。日本各地の霊山に山伏が分け入って、霊性を深めてゆく行者たちが、権現様や観音様の霊体として霊性を感得していきます。

弘法大師が日本に真言密教を伝え、古代から流れる日本の霊性を、何一つ否定することなく退けることとなく、全てを両界曼荼羅に収め、日本の霊的次元を高めたことは、最大の霊的功績だと先に話しました。大和朝廷の霊的体系に空海の伝えた純粋密教を儀軌として採用したので、朝廷内の霊体系の中に密教の理論と実践が取り入れられます。密教の理論と実践の核の体系は、古神道や修験道の中にも編入され、江戸末期まで神仏習合の神道霊体系として、広く民衆の中にも、古神道修験道体系と同様の密教が伝えられていきます。聖や遊行者、山伏たちによって、全国の霊地は元より民衆の中に、曼荼羅密教理論や霊的修行体系などが、様々な**霊験**として伝え広められてきました。

信濃の善光寺
552年インドから百済を経て廃仏派物部氏が難波に捨てた阿弥陀如来像を本田善光が信濃に安置した。仏像は絶対秘仏。彼の名前から善光寺と命名された。

尾張の甚目寺
597年伊勢海人豪族甚目龍麻呂が漁の網に掛った観音像を安置した。廃仏派物部氏が捨てた阿弥陀三尊像内の聖観音。

霊験
神仏への加持祈祷で現れる霊的現象。

国家体側は、民衆の目が覚めては困ります。しかし、一般民衆にも眼があります。そこには目覚めたいという霊的本質、覚醒意識が秘められていますので、古神道、修験道の中の霊的体系が集合知として深められ、智慧の眼として伝承されてきたと理解できます。

その霊的体系は、大きく分けると霊学と鎮魂鬼神法として、分類することができます。

3　古神道の霊学と鎮魂帰神法とインドタントラ密教

霊学の基本は、**数霊**（かずたま）と**言霊**（ことたま）で精神世界を構成する霊的体系です。

ひ、ふ、み、よ、い、む、な、や、こ、と（一、二、三、四、五、六、七、八、九、十）

この十の数に霊性が宿るという霊学体系が、**数霊**（かずたま）です。

もう一つは、**言霊**（ことたま）です。一般にひらがなは五十音図と表現されますが、あいうえおの母音と、あかさたな以降の子音を合わせた四七音と「ん」を入れた四八音です。言霊曼荼羅の霊的体系における霊学は、四八音の言霊と、ひふみの数霊を合わせた霊的世界観の中で、祝詞を読み、神様に心を通わせ、この現世に出現していただき、霊的意識体からのメッセージを戴くことが基本となります。

例えば、ここで祝詞や真言（マントラ）を唱えます。古代インドより、霊体の名前を呼ぶことで呼ばれた霊体が出現すると言われます。更に名前だけではなく、その霊体の特徴を正確に示し、またその働きを敬い褒め称えます。

霊学
古神道に伝わる秘教的教義や流派。様々な流派に伝わる霊学を本田親徳が体系付ける。

数霊
一から十までの数にそれぞれの霊性が宿る秘数。

言霊
四十八種の言葉の単音に霊性が宿り、声に出すことで現象世界が動く霊的な力。祝詞や真言を唱え祈祷する。

霊体にわざわざ来ていただくためには、お客様をお迎えするように場を綺麗に掃除します。この聖なる場を生み出すために、神道や密教では**結界**を張ります。しめ縄や五色の糸で結界を張り聖と俗を分け隔て、お客様の霊体をお迎えします。これは神道でも密教でも同じ作法です。神道ではしめ縄で結界を張り、その中心には御幣などの**依り代**を立てます。神様に来ていただく場の祭壇には、海の幸山の幸の捧げものをお供えします。密教では壇を作り、周りに五色の糸を張って結界を張ります。お水やお花、お香などを供え、中央には霊体の依り代である三宝のシンボル、仏像、経典、仏塔を祀ります。神道も密教も作法は何の変わりもありません。インドでは裸足で歩く習慣ですので、お客様である霊体には、水を用意し足を綺麗にして上座に座っていただきます。そして美味しいお水を飲んでいただきます。綺麗なお花で空間を飾り目も楽しんでいただきます。お香を焚き、灯明を灯し、五感を清め楽しんでいただき、空間を荘厳します。この作法、儀式、儀礼は、神道でも密教でも全く同じです。遠く離れたインドと日本の霊性が、古代インド密教と日本の古神道の儀礼と同じ作法の霊体系の本質を持っていることは興味深いところです。

真言密教の視点から、日本の霊学とインドタントラ密教との同質性を捉えます。

弘法大師が伝えた真言密教は、所作タントラ、行タントラ、ヨーガタントラという三つのタントラ乗に分類されます。**タントラ**とは、密教行と理解されると良いでしょう。

結界
聖と俗の空間を分ける事で霊的エネルギーを囲い込み、その働きを増幅させるために祈祷や護摩壇を行なう霊的な場。

依り代
霊体が憑依する対象物。磐座や神薙巨石岩大木などの自然物から仏像仏塔の造物、また巫女童子祈祷師など人物に憑依する霊的現象を起こす力の中心体。

まずは所作タントラ乗です。これはそのまま神道修行の基本となります。神社の神主さんや宮司さんは常にお宮の境内を掃除されます。神様をお迎えするのに場が汚れていては失礼なので、神主さんは掃除を重視し場を掃き清めます。タントラ密教では、神様仏様に対する様々な所作の儀軌や儀礼が、初期密教、所作タントラと分類されます。インド初期密教の経典では、神様へのおもてなしの言葉、賛礼が記されています。神様に来ていただくためには、何を差し上げ、どうおもてなしをするのかが詳細に説かれ、そして最後に霊体に来ていただくために、「アー」と唱えなさいと記されています。「アー」とは、般若の境地、空の境地、膨大な般若経典群を表す一字真言です。そこに至るまでの極細かな所作や次第の手順が記されている、これが所作タントラ乗の密教経典です。

タントラ乗の分類では二番目は行タントラ乗ですが、ここでは分かりやすく説明するために、先にヨーガタントラ乗を説明します。ヨーガタントラとは内的身体ヨーガ行を修して体を正し心を制することを目的とします。所作タントラによって外界を、ヨーガタントラによって身体内部を清めることが目的です。日本の山岳修験では**六根清浄**と唱えながら霊山を登ります。これもヨーガ行です。神道においては、禊と祓いに当ります。

六根清浄の行は、認識を形成する眼、耳、鼻、舌、身、意、この六根を清め、そして感覚の対象である外境を清めます。外と内の世界を繋ぐ眼識、耳識、鼻識、舌識、身識、意識、この六つの識を清め、心身共に清浄なる境地に到ることを目指します。これは、六根

タントラ
ヒンドゥー教の神々とシャクティー（性力）の霊体系に仏教が影響を受け、密教化した聖典群及び霊的行体系。特に後期インド密教で円熟した霊体系がチベットに移入された。

六根清浄
眼耳鼻舌身の五つの感覚器官に意を加えた認識の六種の主体を清める行。その客体である色声香味触法の六境を含めた十二処に、主客の世界、眼界耳界鼻界舌界身界意識界を含めた十八界（三科）がある。

十二処十八界（三科）という**アビダルマ哲学**を理解し、体得をすることを目的とします。

アビダルマ哲学を勉強するには「唯識三年倶舎八年」と言われるように、八年間倶舎論を勉強し、その後に三年間**唯識哲学**を学ぶことで、その本質が理解できる学習期間です。アビダルマ哲学や唯識哲学の学問寺が日本では、奈良仏教の興福寺です。そのアビダルマ哲学を学問寺で長年篭って勉強するよりも、山を登って実践体験の中で体得しようとするのが修験道です。六根清浄を唱え山奥に分け入り、崖から落ちそうになったりして生死の狭間を垣間見て、自身を懺悔し、身や心の罪穢れを清めていく荒行、これが六根清浄の修行です。このように内的意識を清める行体系がそのままヨーガタントラ乗であると理解することができます。また真言密教では、阿字観や数息観などを行ないます。

所作タントラとヨーガタントラの理解をベースに、行タントラ乗を説明します。外境を清める所作タントラと身体内を清めるヨーガタントラを同時に行なう修行が、行タントラです。真言密教では、手に印を結び、口に真言を唱え、心に仏を念ずることで、**大日如来**と一体になる行体系です。護摩焚きなどの行を通して、霊体と一体となり、加持を得ます。

密教行体系の三種の分類が分かると、古神道の霊学や鎮魂帰神法という体系が同じ構造であり、即身成仏へのタントラ行が整理でき、修行の意味と本質が理解できます。

古神道の霊学では、霊体と交信しメッセージを受け取ります。その霊体の霊示、神託を

アビダルマ哲学　原始仏教からの因果五蘊三科縁起などの諸法を存在を分析する哲学。説一切有部ヴァスバントゥ（世親）の論書、アビダルマ・コーシャ（倶舎論）がある。

唯識哲学　世親の兄無着（アサンガ）が説いた諸存在は八識で成立ち唯一主客を超えた識によってのみ成り立っているとの見解。

大日如来　梵（Mahavairocana）密教曼荼羅での一切諸仏諸菩薩の法身であり主尊。

霊学体系に基づいて、霊体の本体が何かを**審神**（さにわ）が解釈します。霊的意識体のメッセージを現象世界に受ける神降ろしの技法です。この技法と本質的には同質の神降ろしの霊的体系が、アジア全土に存在します。その一つが先述したフーチです。

日本では明治時代の神道家**本田親徳が、**江戸時代まで伝承されてきた霊的体系を、本田霊学としてまとめ上げました。この霊学体系は古代から一本の流派に伝わっているものではなく、日本各地の神社や修験の様々な流派や家系に伝えられてきたものを、本田霊学として理論化し体系付けたのです。また**大石凝真素美**は、「天地はえ抜きの極典」などの著作を著します。彼の言霊学の理解は、宇宙論、進化論、現代物理学レベルにまで視野を深め、日本の霊学体系を高度なレベルへと昇華させていきます。彼は美濃の鉄塔山、山本秀道に師事し奥義に達したと言われています。

もう一つの古神道に伝わる行法としては、**鎮魂帰神法**です。これはヨーガタントラに属し、また後期インド密教のクンダリニーヨーガと同質の体系であると理解できます。六根清浄をベースに、滝行などの水行や火渡りなど様々な荒行を行ないますが、これらが全て鎮魂行、帰神行としての身体行体系として位置付けられます。

様々な流派に伝わる鎮魂帰神法の奥義の本質は、心身に流れる本質である**氣**のコントロールです。この体内に流れるプラーナ、チベットではルンと言う、この氣が自然治癒力

審神（審神者）
神道の祭祀で受けた霊示を解釈し伝える聖職者。

本田親徳（ほんだちかあつ）
1822～1889
鎮魂帰神を研究し、本田霊学として理論体系を確立した。

大石凝真素美（おおいしごりますみ）
1832～1913
言霊学を極め、近代古神道家に多大な影響を与えた。天津金木太占を大成する。

鎮魂帰神法
精神統一の鎮魂行と霊体を降ろす帰神法を合わせて行じ、霊界に通ずる行法。

の源であり、誰もが自分の内側に宿っているヒーリングパワーです。氣の根源的本質に目覚めることで、手かざし、手当療法などへと展開していきます。これらも鎮魂帰神法の一つの流れであり、欧米で流行っているレイキヒーリングや、新興宗教などの手かざしや浄霊は、元々は鎮魂帰神法を使用したものです。明治時代、**川面凡児**が古代から伝わる身体行体系をまとめ上げ、鎮魂帰神法として体系付けました。

鎮魂帰神法を更に深めた境地の結実が、合気道の開祖、**植芝盛平**です。合気道は古代から伝わる日本の古武術の流れを持ちます。武術は元々が戦の実践法で、戦いの最後は生きるか死ぬかですので、勝つために神仏と繋がり神変加持力を得て戦いに望みます。戦の重要な神様は**毘沙門天**です。その神仏の加持力を得てヨーガタントラを行じ心身を鍛錬をし、氣を高め、その氣を使って「エイ！」と相手を倒す。そのような古武道の体系を、植芝盛平が合気道として体系付けました。

空手や剣道、柔道は、こちらから攻めます。例えば剣道では相手が撃って来る直前、コンマ何秒の差で相手を打つ「後の先」または「先の先（先手）」をとります。しかし、合気道では絶対にこちらから手を出しません。特に合気道の重要な精神は、政治的な平和思想に影響を与えています。それは自衛隊の精神そのものです。戦わないことが負けない一番の方法です。しかし、もしも相手が攻撃してきたら、それをかわして敵を投げ飛ばし、

氣（プラーナ）
微細な呼吸の本質に宿る生命の力。

川面凡児
1862〜1929
禊の身体行法を極め「祖神の垂示」と説き、直霊の実践を霊体系化した。

植芝盛平
1883〜1969
様々な武術を極め和合万有愛護を元にした合気道の開祖。

毘沙門天（多聞天）
帝釈天の配下、六欲天四天王北面守護の天部。夜叉羅刹など鬼神を配する軍神。宝塔か経典、摩尼宝珠か鉾を持つ。日本では七福神。

それで終わり。相手が攻めてこなかったらこちらからは絶対に手を出さないし、戦う必要もない。これは、絶対に先に手を出さないという日本の自衛隊の**専守防衛**思想そのものです。そして、一生に一度あるかないかという敵からの攻撃を想定し、日頃、自身の鍛錬を積んでいく。日本の非常に重要な専守防衛の根本思想が、合気道の霊性です。

仏教九乗教範から観る霊性の階梯

チベット仏教に伝わる**ニンマの九乗**という分類法（九乗教範）から更に霊性の階梯を説明します。

仏教は大きく分けると、顕教と密教があげられます。密教は外タントラ、内タントラと分類されます。顕教は独覚乗、声聞乗、菩薩乗と三つに分けられます。独覚乗、声聞乗は**上座部仏教**（テーラヴァーダ）として、スリランカやタイなどの東南アジアに伝わった南伝仏教です。日本には、北伝仏教の**大乗仏教**が伝わりました。中国、朝鮮、日本、ベトナム、チベットに大乗仏教が伝わり、菩薩乗または般若乗とも呼ばれています。独覚乗、声聞乗、菩薩乗の三つの乗り物が、仏教の顕教です。

専守防衛
相手からの攻撃に対し初めて必要最低限の防衛力を行使する防衛戦略。武力行使を禁じる憲法に基づく防衛思想。。

ニンマの九乗
ニンマ派独自の密教分類。他派が説く無上ヨーガ乗を更に三種に分類する。

上座部仏教
初期仏教がスリランカや東南アジア諸国にパーリ三蔵を伝える南伝仏教。

大乗仏教
上座部から分裂した大衆部が中央アジア中国朝鮮日本に伝わった北伝仏教。

顕教の一番高い教えは、**妙法蓮華経**（サッダルマプンダリーカ）、日本では法華経と親しまれているお経です。妙法蓮華経というお経は大乗仏教の菩薩乗の一番重要な高い教えであり、大乗仏典の王様だと言われます。

ちなみに、**日蓮上人**が説かれた「南無妙法蓮華経」という題目は、日蓮上人が創作した日本独自のオリジナルマントラです。日蓮上人が活躍した鎌倉時代は、仏教時代区分では既に末法の時代に入っていたので、民衆が妙法蓮華経を読んで学んで修行する時間がないとして、妙法蓮華経に帰依さえすれば救われるという名目で、日蓮上人は「南無妙法蓮華経」という題目を考案しました。妙法蓮華経の本質とは、菩薩的生き方のすすめです。これが妙法蓮華経の教えの核心です。独覚乗、声聞乗、菩薩乗が表の教え、**顕教**です。

次の分類が**密教**についてです。密教は段階的な教えです。密教は六世紀頃からインドにおいて時代の流れと共に、初期密教、中期密教、後期密教として展開していきます。弘法大師空海が日本に伝えた密教は、インド中期密教、真言乗（マントラヤーナ）です。真言乗の修行は、手に印を結び、口に真言を唱え、心に仏を念ずる、「三密瑜伽にして即身成仏と成す」と弘法大師が説かれるように、これが真言宗の教えのエッセンスです。この弘法大師の教えは、そのままチベット密教にも伝わっています。

師タルタン・トゥルク・リンポチェが来日し**高野山**を訪ねた時、チベットに伝わるマン

妙法蓮華経
釈尊入滅三ヶ月前霊鷲山での説法を記した大乗経典。久遠実成を説く仏教哲学。

日蓮上人
1222〜1282
天台宗で法華経を学び開眼し専修題目を説く。立正安国論を提出し広教する。

顕教
上座部阿含経典群と律、大乗仏典群で説かれる教え。

密教
密教経典群の教相（理論）と実相（実践行）を曼荼羅灌頂で説く即身成仏の教え。

トラヤーナと同質の真言乗の教えが、そのまま千数百年間高野山や日本全土の寺院に正確に保存されていることに驚かれていました。特にインド密教の源流の教えが少しも変わらず、現代日本に守り伝えられていることが素晴らしいと感動されていました。弘法大師が中国で学んだインド密教の教えがそのまま保存されている、これが日本の真言密教です。

弘法大師空海は、八世紀末の桓武天皇の平安時代、日本に帰国されます。弘法大師が学んだ密教は、七世紀頃にシルクロード北経由の胎蔵界系密教と南の海路経由の金剛界系密教が、二種の系統のインド密教として唐の長安に伝わり、空海の師**恵果阿闍梨**によって両界曼荼羅としてまとめられるまで、百年の年月を要しています。この中期インド密教、外タントラに分類されるクリヤータントラ乗（所作タントラ）、チャリヤータントラ乗（行タントラ）、ヨーガタントラ乗の三種の分類は、先に説明した通りです。

その後、**インド後期密教**は内タントラとして発展していきます。これは、インド密教の時代的な展開によって、密教の精度が深まっていったプロセスでもあります。

内タントラは、残念ながら日本には伝わりませんでした。弘法大師が恵果阿闍梨から学んだ真言密教の教えは、インド密教では七世紀頃の中期密教の教えですが、この密教が約百年かけて唐の長安に伝えられた八世紀頃には、インドではすでに後期密教として内タントラの時代に入っていきます。このインド後期密教は、十三世紀初頭、イスラム教によっ

高野山
空海が紀伊の山中に開いた真言宗の総本山金剛峯寺と多数の寺院群の密教聖地。

恵果阿闍梨
746〜806
唐の青龍寺密教僧。善無畏の弟子から大日経、不空から金剛頂経を学び両界曼荼羅と統合した真言乗を空海に伝えた。

インド後期密教
8世紀中期密教から無上瑜伽タントラへと発展したタントラ乗と金剛乗。パドマサムバヴァがチベットに伝えた。

九乗教範（ニンマの九乗）

顕教

独覚乗　隠遁して世を離れ、因果を観察することで羅漢を目的とする
・阿含経典群

声聞乗　仏に仕え、教えを聞くことで羅漢を得る仏弟子
・阿含経典群

菩薩乗　衆生救済に自身を捧げ、利他に努める者（般若乗）
・般若経典群、大乗経典群

外タントラ

クリヤータントラ乗（所作）・雑密経典
本尊への供養や作法、儀軌などの所作を示す

チャリヤータントラ乗（行）・大日経（胎蔵）系
本尊への作法と内的三昧の統一を説く

ヨーガタントラ乗（瑜伽）・金剛頂経（金剛界）系、理趣経
曼荼羅と行者が一体となる観想法を説く

内タントラ（アヌッタラヨーガタントラ・無上瑜伽）

マハーヨーガタントラ乗（父タントラ）
・グヒャサマジャタントラ（秘密集会）
生起次第による観想

アヌヨーガタントラ乗（母タントラ）
・ヘーヴァジュラタントラ（喜金剛）
・サンヴァラ系タントラ
究竟次第による三管四輪のヨーガ

アティヨーガタントラ乗（不二タントラ）
・カーラチャクラタントラ（時輪）
・マンジュシュリナーマサンギィティ
・十万古タントラ群
大究竟

てインド仏教が滅ぼされる時まで続きます。

このインド密教の内タントラ、**無上ヨーガタントラ乗**（アヌッタラヨーガタントラ）と言われますが、それも更にマハーヨーガタントラ、アヌヨーガタントラ、アティヨーガタントラと三つの乗に分類され、展開します。

一つは**マハーヨーガタントラ乗**です。父タントラとも言われ、グヒヤサマジャタントラ（秘密集会タントラ）が代表密教経典です。マハーヨーガとは、曼荼羅の神々を観想し、その霊的曼荼羅世界観の中で神仏と一体となる行体系が核となります。一般に、神様や仏様は外の世界に存在しているように思われますが、内タントラでは自分の心の内なる曼荼羅を観想し、意識の深い層に神様仏様の意識体が内在していることに気付く技法です。神仏の複雑な曼荼羅を経典に従って正確に観想し、その霊的世界観の中で、神変を顕していきます。このマハーヨーガは、キェーリム（生起次第）の観想法としてまとめられ、行体系が形成されていきます。自分の中にある内的メッセージ、内的な気付き、覚醒というレベルへと深まっていく体系が、マハーヨーガタントラ乗です。

ユニークな例が、ダライラマがご神託を受ける**ネーチュン**の神降ろしです。ネーチュン神と繋がる密教のお坊さんは普段は普通のおじさんですが、神事になると神託を受けるネーチュンの衣装を着て、トランス状態に入ります。そして、僧侶たちが祈祷を始めると、

無上瑜伽タントラ乗
父タントラ母タントラ不二タントラより成る後期インド密教の経典群と行体系。

マハーヨーガタントラ乗
父（方便）タントラに分類される。憤怒尊曼荼羅の生起次第観想を説く秘密集会タントラ、幻化網タントラが代表経典。

ネーチュン
パドマサムバヴァが護法神ペハル・ギャルポをサムイェ寺院に祀った。後にダライラマがデプン寺院にネーチュン寺として祀った。

体が震え自由に踊り回り、喋り始めます。その言動全てがネーチュン神からのご神託として、メッセージを受ける神事です。ネーチュン神のような強烈なスタイルでなくても、密教行者が仏様から神示、霊示、メッセージとして受ける体系がマハーヨーガでもあり、神仏の加持力を得て世俗の世にダルマの働きをもたらす祈りの行でもあります。

二番目の**アヌヨーガタントラ乗**とは、クンダリニーヨーガとかチャクラヨーガとも言われる身体ヨーガ行です。母タントラとも言われ、ヘーバジュラタントラ（喜金剛）が代表密教経典です。アヌヨーガとはヨーガ行を行うことで、微細なエネルギー、プラーナ、ルン、氣と呼ばれる、微細な霊性をコントロールし、意識の深い層へと目覚めていく行体系です。この行体系は、ゾグリム（究境次第）としてまとめられていきます。

アヌヨーガの体系は、鎮魂帰神法という霊的修行体系と類似しています。日本の鎮魂帰神法は、古代から日本の民衆の中に伝わる霊的修行体系を極める行者の中から、まるで突然異変のように、体得する行者が出現します。インド後期タントラ密教が日本に伝わっていなくとも、内タントラの境地の高度な霊性を、鎮魂帰神法の神降ろしや氣の制御などの行体系を昇華し、深化させたことは、日本独自の気合いなのでしょう。

三番目の**アティヨーガタントラ乗**、これは金剛乗と呼ばれ、後期インド密教、内タントラの最終形態です。「カーラチャクラタントラ」が代表密教経典です。金剛乗の一番の目的は、自分自身の心の本質に気付くことです。そのために、内なる神様仏様に繋がるキュー

アヌヨーガタントラ乗
母（般若）タントラに分類される。チャクラヨーガの究竟次第を説くヘーヴァジュラタントラが代表経典。

アティヨーガタントラ乗
不二（双入）タントラに分類される。ゾクチェンと呼ばれ自生の智慧リグパを説く。時輪タントラ、ニンマギュンブン（十万古タントラ）が代表経典。

リムや、またチャクラやクンダリニーを深めるゾグリムも副次的行法として行じますが、金剛乗の心眼は心の本質にダイレクトに気付くこと、それがアティヨーガです。光り輝く心の本質、覚醒意識が、ハートチャクラに仏性として既に宿っていることを知ります。その瞬間は、即身成仏というよりは**即心是仏、**覚醒意識が深まり心の本質がそのまま仏であると気付く瞬間です。この即心是仏こそが金剛乗の境地であり、密教の内タントラの最終段階、アティヨーガタントラ乗であり、インド密教の最終形態です。

チベットには、ニンマ派（古訳派）に伝わる**ゾクチェン**、カギュ派（新訳派）に伝わる**マハームドラー**、サキャ派には**ラムデ**として行体系が伝わっています。残念ながら日本にはチベット密教に伝わる後期インド密教は伝わりませんでした。

ここで重要視するユニークな点は、外タントラから内タントラのタントラ乗が段階的な六段を登りつめた最終的な金剛乗の境地、**中観自立論証派**の流れを持つ即心是仏の解脱の境地が、禅宗にも同じ境地として伝わっていることです。日本には曹洞宗、臨済宗に禅の境地が伝わっています。金剛乗の境地と禅宗に伝承される禅定は、同質の境地です。

禅宗は、鎌倉時代から室町時代に日本の武家や民衆レベルに定着しました。この中世の時代は、日本の霊性にとってユニークなタイミングとなります。一方で中世のアジアの胎動から見ると、十三世紀にモンゴルの元がチベットを支配しようと侵攻しますが、サキャ

即心是仏　自身の心の本質が、そのまま仏であるという境地。

ゾクチェン（ゾクパ・チェンポ、大究竟、dzogpa-chenpo）　ウッディヤーナのパドマサムバヴァ、ビマラミトラからチベットに相伝された法身普賢如来の禅定と行体系。

マハームドラー（大印契）　インド成就者ティロパ、ナロパを祖としマルパ、ミラレパと相伝する本初仏持金剛の禅定と行体系。

派のパクパが雷を落としたり幻を見せたりし、霊力でモンゴル軍を追い払います。元は彼の霊力に驚き、逆にチベット密教に帰依をします。その影響で、中国の禅僧たちが、チベット密教に帰依をしたモンゴル帝国に追われるように、日本に渡来し禅を伝えます。鎌倉から室町時代、日本の禅文化が開花していった面白いアジアの因果関係の胎動を感じ取ることができます。

禅宗と密教金剛乗の境地は同じですが、そのアプローチに違いがあります。禅宗は即心是仏に至るまで、様々な煩悩があろうとも、喩えブッダが目の前に現れ「悟りを授けよう」と語ったとしても、仏に会ったら仏を殺せと言われるように、全てが蒙昧、迷いであるとし、煩悩の心の働きを否定し、内なる即心是仏に気付く為に、只々座禅をします。

この禅宗のアプローチに対して密教のアプローチは、煩悩が出てきたら、それをエネルギーに変えます。例えば、欲が出てきたらそれを慈悲という大欲のエネルギーに変える。怒りが出てきてもそれを法力として、神変エネルギーに変えるのです。そのエネルギーの根源は内なるプラーナ、純粋な氣、また外境を取り巻く宇宙環境エネルギーです。

内外の濁った気を清め、自我を超えた清浄なる微細なプラーナへと昇華したときには、怒りも欲も全てはエネルギーの渦、波動、振動であると気付きます。また意識が純化していくと、煩悩や雑念や思い込みの雲が晴れ、内なる心の神様仏様の曼荼羅から霊性のメッ

ラムデ（道果） ニンマ派の教えを継承し、インド大成就者ヴィルーパの「行の道程がそのまま証果」の境地を説く禅定と行体系。

中観自立論証派 龍樹（ナーガリュジュナ）の中観哲学は、縁起と空性を説く。実在の誤謬を論証する学派（帰謬論証学派）と、禅定の境地から空性に留まる学派（自立論証派）がある。

セージとして聞こえてきます。それが本来のハートチャクラに秘められている心の本質、仏性が開示する内なる曼荼羅の響きであるのです。禅は、即心是仏に気付く座禅の姿で心に映る全てを虚妄とし、シンプルながらも深遠なアプローチをとります。一方で、密教は全ての現れをエネルギーの流体現象であると捉え、内なる心の曼荼羅として開いていきます。

チベット密教は中世以後、密教体系がシステマティックに確立します。密教の理論と実践をそのシステムに則って行えば、誰もが体得する可能性を持ちます。日本の行者のユニークなところは、シンプルな教えを以て修行に入り、その境地を追求し深めていくと、時代時代に突然変異のように偉人が出てくるところです。日本の真言密教や修験道は外タントラと分類されますが、その体験行の中で内タントラに繋がる境地へと深めた多くの行者を輩出してきました。日本の霊的修行体系は修験密教として、神仏習合の霊的世界観が民衆の中で伝承されてきました。これこそが、日本の霊的文明が高い境地である所以です。

明治維新の廃仏毀釈でお寺が壊され、一神教原理主義の視点で日本の深い霊性を忘れてしまった現代ですが、日本的霊性の精神史と行体系を学ぶことで、今なお私たちは二十一世紀の密教行者として霊性を実践し、意識の深い可能性を開いていくことができます。

4　本地垂迹のマニュアル書　修験道成就法

私はチベット密教の修行を積んでいますが、御嶽山の修験道に昔から伝わっている**御嶽山肝要集**という経本に法縁があり、その行を研鑽しています。この行体系もチベット密教の理論と実践から見ると同じ密教行体系と理解でき、この経本の次第がチベット密教と同じ霊性の本質を持つ故に、**神変加持**が叶うと信じています。

この御嶽修験道成就法は、江戸時代に確立された修験道の神仏習合本地垂迹のマニュアル書です。御嶽修験では、**普寛上人**が開山とされています。この御嶽山肝要集はその流派による編纂と思われますが、時代時代の行者、山伏たちが霊験効果がある祝詞や真言、経典をピックアップして、最終的にこのような形態になったと思います。

霊学と鎮魂帰神法は、そのまま密教タントラと対応しています。これが解れば、密教行の霊的体系システムを、目覚めへのアプローチとして成就の可能性へと深めることができます。では、その内容を見てみましょう。

仏教では全ての法要や法話は必ず三宝帰依から入り、中心には法話や、瞑想、お祈りの本文があり、最後は回向文を唱えて回向するという、三部で構成されています。三礼真言

御嶽山肝要集　御嶽修験行者が編纂した幾多の祝詞や真言、行体系が書かれた経典。

神変加持　霊的修行や祈祷で自然現象を動かす霊力や法力、治癒力を得ること。

普寛上人　1731〜1801　武州秩父出身。剣術家であったが得度し天台修験を学ぶ。諸国行脚で霊示を受け御嶽山を開く誓願を立てる。御嶽修験信仰の礎を築いた。

（さんらいしんごん）で三宝に帰依をし、重要な要祝詞（ようのりと）を唱え、御嶽大権現の霊体に声をかけます。

天神七代地神五代神王三代の御神
御山一山三十餘社の御神
南無日本六十餘州大小の神祇
大日大聖不動明王
矜羯羅童子（こんがらどうじ）
制多迦童子（せいたかどうじ）
南無三十六童子
南無八大童子
當所鎮守家内の守護神、三寶大荒神

天の神様の天津神七代、地の神様の国津神五代、神王三代の御神、これらを密教記号論で読みますと、天の七、地の五、三柱の三、これが七五三の数霊として読み解けます。そしてこの七五三の数霊を一つの霊体の本地と捉えることができます。

そこで、御嶽大権現の本地、七五三の霊体の一なる本体が、大日如来の憤怒の姿である

大聖不動明王であると感得されます。大日如来と不動明王は、柔和な如来と憤怒の明王と理解されます。童子とは大日如来の仏界の菩薩衆です。不動明王の明王界では童子にあたります。

御嶽山に三十餘社として祀られる神様に帰依をし、日本全土六十餘州の神様に帰依をします。日本の六十餘州とは、現代では四七都道府県ですが、例えば愛知県も尾張三河と二州ですし、岐阜も美濃と飛騨の二州であるように、昔の日本は六十餘州と言われます。そして、一つ一つの州の各地の霊体に呼びかけ、この場に集まっていただきます。歴史的に見るならば、それぞれ地方地方の豪族の御霊と見ることもできますし、密教記号論で読み取ると地形曼荼羅ネットワークへと展開する霊的発動の祈りと読むこともできます。

次の要祝詞は、霊体に語りかける重要な祝詞です。

天地の御中に現れ在す国常立尊御嶽座王大現権宇豆の広前に敬つて申す
天降り神座豊大洲の国中に生出る天の益人等が
種々の穢を祓ひ元の心の神垣を清と申す
天津祝詞の太祝詞の事を以て此座を清浄め奉る

大聖不動明王
大日如来の報身五大明王の主尊。一面二臂で降魔の三鈷剣と羂索を持つ。

御嶽大権現の本体が、大宇宙天地の中心に現れる国常立尊であると感得します。この権現垂迹は、国津神の高次の霊体であると悟り、御嶽蔵王大権現の霊体に呼びかけます。宇豆の広前とは、素晴らしい広々とした神前という意味で、国常立尊の霊体が特に美濃尾張地方からすると一番重要な艮金神でもあるわけです。

大洲（大八洲）とは、**乳海攪拌**で生まれた日本国全土のことで、日本国の全ての人民（天の益人）が生み出した汚れや罪を、本来の清浄なる心に戻すために、太祓い（ふとはらい）という禊を行なって清める誓いを立てます。この禊は、全ての罪穢れを祓う為に行なわれるヨーガタントラにあたります。天津祝詞の太祝詞（ふとのりと）とは、現在も日本全国の神社で詠まれる大切な大祓、中臣の祓、**天津祝詞**です。この太祝詞を唱えて結界を清めます。所作タントラとヨーガタントラを行なうことで、今まさにこの場の結界において、神変加持の行タントラとして霊的儀礼を行ないます。

次に、御嶽大権現の国常立尊の霊的ネットワークへ呼びかけます。八海山を始め、全国に広がる御嶽蔵王大権現の霊的ネットワークの霊体を次々に呼び起こしていきます。御嶽山の結界を清め、この場にいながらも観想を行うことで、大八洲の日本全国の霊的ネットワークへとその祈りを発します。八海山は新潟地方の修験聖地の山です。一笠山刀利天、日野大権現、東北の蔵王大権現、大々権現、八王子大権現、倶利迦羅明王（くりからみょ

乳海攪拌
（にゅうかいかくはん）
インド神話マハーバーラタで描かれた海をかき混ぜて様々な世界を造った天地創造。日本神話古事記にも、イザナギとイザナミが海を天沼鉾でかき混ぜ、そのしずくが八つの島となった日本国土の国産みの神話。

天津祝詞
（大祓、中臣祓）
神道の祭祀で奏上する重要な祝詞。

うおう）、金剛童子、大江大権現、茨山大権現（いばらさんだいごんげん）、閻魔山大権現、石尊大権現、道了大権現、そして、長崎大明神、岩戸大明神、清滝弁財天、これら御嶽修験道の霊的御嶽大権現ネットワークが記されています。阿留摩耶山大権現、これは天狗のネットワークです。そして最後に、両部太子、大日大聖不動明王、四天明王、八大明王と呼びかけ、哀愍納受（あいみんのうじゅ）と、謹んでお受け下さいと、如来界、菩薩界、明王界、護法神界の全ての霊体に呼びかけます。このように諸々の災難厄難を清浄円満にと、朝も夜に一生懸命お祈りと修行を行ないますと、行タントラの働きを御嶽大権現に呼びかけます。

興味深い霊的ネットワークへの働き掛けが、龍体です。この龍体とは霊学の見方として、日本の島々大八洲自体が、龍体であると読み取ります。日龍大権現、青龍大権現、黒龍大権現、白龍大権現、黄龍大権現は**五智如来**曼荼羅と対応しています。超古代日本の龍体は、元々九つの本体を持つ**九頭龍**でした。白山の霊体である**白山菊理姫**は、この九頭龍に乗って世界を一つにククります。またイザナギとイザナミが夫婦喧嘩をしたとき、間を取り持った結びの神様であり、ククる神様と言われています。その九頭龍が一つの頭を切り取られ**八大龍王**となり、妙法蓮華経で供養されたと言われますが、未だに九番目の九頭龍である黒龍だけが供養されていないとも言われています。これは日本独自の読み取り方です。私

五智如来
曼荼羅の五種の智慧を当てた仏。中央大日如来、東方阿閦如来、南方宝生如来、西方阿弥陀如来、北方不空成就如来。

九頭龍
日本各地に伝承される九頭龍伝説がある。八大龍王と黒龍でと九頭龍の説。

白山菊理姫
イザナミの死にイザナギが黄泉の国で姿を見て口論になった時、仲を取り持った縁結びの女神。白山信仰の主神。

八大龍王
天龍八部衆の龍族の八王。護法神。

はこの**黒龍**こそが、艮金神の霊体、権現の変化体であると捉えています。

次に、修験道で重要な**錫杖経**、**仏説聖不動経**と仏教経典を唱えます。そして最後に般若心経を唱えます。**般若心経**は修験道や密教にとって一番重要な経典です。般若心経は、大乗仏教の一番重要な哲学思想書であり、膨大な般若経典群の心髄を二七六文字にまとめた経典です。**阿字観**の「阿」は般若心経の一字真言でもあります。

般若心経の最も重要な要旨は、**五蘊皆空**（ごうんかいくう）です。色受想行識の五蘊全てが、空なる性質であること、これが解ると、霊学や鎮魂帰神法が、内タントラの境地として、日本の行者が荒行をしながら達していった悟りの本質を理解することができます。空なる般若の境地は、大般若経六百巻の中に密教タントラへと発展する理趣品、後に般若理趣経として独立したお経として発展し、即身成仏の境地へと至ります。そして密教の内タントラの一番の境地、金剛乗（バジュラヤーナ）のアティヨーガタントラが、般若心経の空なる境地、即心是仏を体得するための瞑想行です。私たちの心の本質が、即ブッダであると、その境地の哲学感が般若心経に記されています。

古神道、修験道において、般若心経を読むことが一番重要です。明治維新前までは、神社でも般若心経を唱えていました。

黒龍
八大龍王のヴァースキ（和修吉）。黒龍とあるが、大本では艮の金神とされる。

錫杖経
厄災や魔を祓う法具錫杖の功徳が説かれる経典。千手観音、地蔵菩薩、又修験山伏や密教僧が持つ。

仏説聖不動経
日本で成立した密教経典。不動明王が煩悩を払い羂索で衆生の心に合わせて救う対機説法を説く。

阿字観
般若の智慧の一字真言「阿」を観想する瞑想法。

次に、荒神四句文、荒神、荒御魂の説明をします。

荒神四句文

本體真如住空裡（ほんたいしんにょじゅうくうり）
寂静安楽無畏者（じゃくじょうあんらくむいしゃ）
鏡智慈悲利生故（きょうちじひりしょうこ）
運動去来名荒神（うんどうこらいみょうこうじん）

「本體真如住空裡」の本体とは、ダルマカーヤの本質、**真如**（タターター）であり、これが空なる理（ことわり）として、如性が**法身**（ダルマカーヤ）の境地と捉えます。

「寂静安楽無畏者」とは、その空性の境地がそのまま輪廻と涅槃を超えた寂静なる境地であり、はかりごと（作為）をしない無為なる境地、苦楽を超えた安楽、**大楽**（マハースカー）の境地、心の本質に安住すると表現しています。

次の三行目「鏡智慈悲利生故」の鏡の智慧とは、法身大日如来の**法界体性智**から輝く、**報身**阿閦如来の智慧、**大円鏡智**の智慧です。鏡の智慧が慈悲として衆生を利することが重要なキーワードとなります。

五蘊皆空　色受想行識の五蘊全てが、空なる性質であること。

法身 (dharma-kaya)　仏陀の真理の本体である空性、真如、法性としての姿。

報身 (samboga-kaya)　法身と色身（生身）の間に立てられた、修行の善根功徳の果報としての姿。

「運動去来名荒神」とは、法身からの光が応身として人間界**娑婆忍土**に住む私たち衆生を照らし出し、荒神艮金神の働きとして、霊的発動を起こす目覚めを見事に現しています。

空性の本体である真如は、虚空界に遍満している。
その境地は寂静であり、大楽（マハースカー）であり、
はかりごとをしない無為である。
この無為なる境地に至ったときに、
鏡のような智慧がそのまま慈悲の働きとして生かされる故に、
それを知るものは現象界の働きごと全てが、
古代からの霊性の目覚めとして発動する。

これは修験道の実践行から感得された素晴らしい境地です。そして、この荒神というキーワードこそが艮金神です。天孫族に封じ込められた民衆の御霊、艮金神とは、私たちです。艮金神、荒神、荒魂とは、決して荒ぶる悪い御霊ではなく、歴史的に抑え込まれてきた、民衆の集合的意識体なのです。更に言えば、支配階級、エスタブリッシュメントたちは、私たちの深い意識に眠る荒神が目覚めて、そのような霊体を呼び出すと困るということなのかもしれません。

真如 (tathata)
あるがまま。法性、法身、仏性、自性清浄心と同体異名。

大楽 (mahasukha)
密教で説く、苦楽を超えた絶対安楽の究極の境地。

法界体性智
法身大日如来の智慧の境地。法性、空性の本性が智慧。

大円鏡智
東方阿閦如来の智慧境地。鏡の様に主客を離れて全てをありのままに写す智慧。

日本の江戸末期までの時代は、一般民衆の七割、八割が修験行者として、このような霊的マニュアル書を持って、スピリチュアルグループである講を作って、御嶽山や富士山、白山などの霊山を登り霊性を高めるとても活気のある時代だったのです。

密教の神変加持力　日本的霊性の可能性

このような修行の次第集を、チベット密教では**成就法**（サーダナ）と言います。この御嶽山肝要集本来の編纂者は明らかではありませんが、古代から御嶽山をお祈りしている霊的集団の法脈の智慧が積み重ねられてきた集合知となっています。古代から脈々と伝わる霊的な知的財産が、江戸時代に覚明上人、普寛上人によって、御嶽講として発展し、そのマニュアル書として編纂されたのです。これが分かれば、皆さんも里修験行者です。自分の家にいながら、御嶽山の頂上にいると観想を行ないます。構成としては、「仏法僧に帰依します」と三宝帰依文を三回唱え、祝詞や真言を唱えれば、これで御嶽大権現と意識が繋がります。般若心経を唱え、しばらく瞑想して、回向文を唱えれば、これで短い成就法となります。

娑婆忍土
衆生が生きる世界は苦を耐え忍ぶ土地であるということ。

成就法（sadana）
密教修行の成果、シッディを得る為の修行方法が纏められた修法集。

更に言えば、私はチベット密教ニンマ派の行者として、一番最初にパドマサムバヴァの金剛七行祈願文（チクドゥン）という短いお経を三回唱えています。そして、パドマサムバヴァが御嶽蔵王大権現の本地と感得します。

その法身の境地は、ゾクチェンの境地、**明知（リグパ）**として霊体の本質を開いていきます。法身としての本地パドマサムバヴァの禅定に留まることで、修験密教行が神変加持として有効に働きます。この禅定の境地は、そのまま大日如来の境地であり、男性原理としてのパドマサムバヴァのエネルギーは忿怒の不動明王と同質として、ダイナミックに働き、密教理論にかなったダルマの理、祈りとなり、霊的な発動が起こります。日本修験仏教では、密教のカテゴリーの中で、御嶽行者が大日如来の憤怒形の不動明王として意識を合わせますが、後期密教の視点から、不動明王の霊体がそのまま法身パドマサムバヴァであると理解できると、チベット仏教のゾクチェン密教行がそのまま御嶽行者として生きてきます。密教の曼荼羅構造の最上部から俯瞰すれば、全ての密教行体系が理解することができるからです。

仏教史上、アジア全土に、また古代から日本にはこのような霊的マニュアル書を持って、覚醒意識を開き、深い霊性を開示していった多くの行者たちが活躍していました。そして現代において、古代から修験行者が伝統的な修行を実践してきた行体系の智慧を、後期インド密教の内タントラのアティヨーガの境地から、霊的修行のマニュアル書として活用す

明知（rigpa）
全ての意識に本来備わっている、無明が晴れたありのままの光り輝く心の本質。

ることで、その霊力を今に生かすことができる非常に面白い時代だといえます。

二〇一四年九月御嶽山の大噴火以降、私は御嶽大権現祝詞真言を自作し、その霊体への鎮魂行として働きかけています。

私はよく霊場に出かけます。実際に行ってみると怖い感じがします。そこは、過去に何かに封じ込められた霊的な地、今は荒れ果て誰も見向きもされない祠やお墓、石跡などの霊場です。霊的因縁が滞っている場で、お経を読むことで供養する、密教行者としての私自身の祈りの行を続けています。その行は、昔から日本で修験道で唱えられていた祝詞や修験行を織り交ぜながら、日本の八百万の神々に呼びかけ、その土地の神様や霊体に呼び掛け、密教の理論と実践に基づいて霊的発動、神変を促す修行を続けています。

現代では誰にも興味を持たれない荒れ果てた社や祠、墓跡などの霊場は、実は何かの因縁で封じ込められた荒神であるとも理解でき、そこは密教行を行なう実践の場と捉えています。荒神のキーワードで現代を見ると、日本の各地には、資本主義の神様、経済一神教の強靭な自我の霊体に、古代からの霊体が封じ込められ、誰にも見向きもされず荒廃していった場所が多くあります。人々が興味を持たず崩れ落ちていった社、古来より龍神が住むと伝えられる沼や池が土砂で埋められ整地された住宅地が、元は重要な歴史的な霊的因縁の地であったケースも少なくありません。日本各地にこのような霊地が壊されたり封じ込められたりされ重要な霊的スポットや荒廃した地がたくさんあります。

金剛七行祈願文

Hum　フーン
orgyen _yul gyi nub chang tsam　ウーギャン ユル ギ ヌプ チャン ツァム
ウッディヤーナ国の北西に

pema gesar dong po la　ペマ ゲサル ドンポ ラ
蓮花の台でその蓮の花弁の上に生まれ

yatsen chog gi ngo drup nyay　ヤツァン チョ ギ ンゴ ドゥプ ニェ
全く驚くべき達成を授けられた

pema jung nay zhey su drag　ペマ ジュンネ ジェ ス ダ
蓮華生 (パドマサムバヴァ) として知られている

kor du khan dro mang po kor　コル ドゥ カンドロ マンポ コ
多くのダキニの従者に囲まれて

kyed khi jay su dag drub kyi　キェ キ ジェ ス ダ ドゥ キ
私はあなたに従い、修行する

shin gyi lob shir shek su sol　シン ギ ロブ シル シェ スソ
どうぞ、祝福を戴けますよう、眼前へいらして下さい。

guru pema siddhi hum　グル ペマ シッディ フム
師 (GURU) パドマサムバヴァ (PEMA)、
どうぞ私たちに、成就 (SIDDHI) をお与え下さい (HUM)。

OM AH HUM VAJRA GURU PADMA SIDDHI HUM

御嶽大権現祝詞真言

オーン
御嶽大権現の大御霊様
世界経綸の扉を開く
みのおわりの丑寅の坤神にて
遥か古より万国大日の本におわします
豊受大神国常立尊
その本地は観世音菩薩にして
慈雨の如く衆生を豊かに潤し恵みて
法身阿弥陀如来の智慧の光明
密意パドマサムバヴァの金剛心
円満成就の神変を以て
八紘一宇の大日の本を
栄え給え、幸え給え
守り給え、鎮まり給え
安寧の弥勒の世へと、導き給え
三世十方諸仏の如来の智慧よ
最善の働きへと解き放ち給え
かむながらたまちはえませ
かむながらたまちはえませ
フン パット

パドマサムバヴァ
八世紀、北西インドウッディヤーナ国のインド密教大成就者。チベットに密教を伝え、ウッディヤーナから招聘した学者翻訳者たちとチベット語への経典翻訳作業を行う。また埋蔵教法（テルマ）を残し、後代チベットに仏法を相伝した。

サムイェー寺院
八世紀、チベットラサ郊外ヤルンツァンポ川岸に、吐蕃国ティソンデツェン王によって建てられた三層立体曼荼羅寺院。インド学匠シャンタラクシタによって招聘されたパドマサムバヴァが悪霊悪鬼を調伏し、７７１年落慶法要が営まれた。

特にお勧めする場所は、自分の地と血の因縁に関わる土地です。自分の地と血の因縁を深く見つめ祈りの行動をすることで、その業を化（か）す修行は必ずや智慧を開く働きとなるでしょう。三宝帰依と回向文の間に、コンタクトしたい霊体、如来や菩薩、パドマサムバヴァのスピリットを通して呼び起こし、心を込めて働きかけ、深い瞑想とお祈りをします。その祈りは、龍神様でも御嶽権現でも弁財天でも、どんなところにでも心を込めて呼びかけることができれば、如来やパドマサムバヴァが常に守ってくださるので、何も恐れることもありません。

更にコツを言えば、行者はアティヨーガの境地において、禅定と祈りを深めていきます。自分の体がクリスタルボディ、透明な身体になって、そこに如来の光が差し込むことで、四方八方へとその智慧の光が広がっていくように観想します。行者は神道で言うウケヒ、依代です。密教の内タントラで言うならば、行者の体は透明な体そのままに、如来の光が差し込み、自身内部のハートチャクラからも仏性の光が放たれると観想を行います。そこに真言や祝詞の響きを共鳴させます。またパドマサムバヴァのチクドゥンのお経と真言を唱え、場と霊体に合った真言を唱えれば、祈りが叶います。そして、三分でも十分でも瞑想をして禅定に留まり、自然と心に湧き起こるメッセージを大切に受けます。そして回向文を唱え、感謝して、その場を離れます。もちろん、この行は自宅で行なっても構いません。

以前にメディアなどで流行った守護霊と言う存在ですが、チベットでは守護霊とは餓鬼霊と言われています。密教行者は守護霊に頼らずに、仏法の**護法神**に対しお祈りされると良いでしょう。守護霊と言うと、自分だけを守るというイメージですが、護法神は仏法を守ると約束した神様の霊体です。これが守護神と守護霊の違いです。例えば、龍神も仏法を守ると約束されたので、龍体も護法神です。三宝に深く帰依をし、生きる上で仏法僧を拠り所とすることが、一番の護法の働きと精神であり、護法神が一番喜ばれる行ないです。

日本の古代から積み重ねた霊的マニュアル書を、後期インド密教の視点から、生かすことができます。それは、仏法の智慧というお湯を乾燥食にかけることで、美味なる智慧の食事を味わうことができるイメージです。その智慧は必ず自分の身となり、骨となり、髄となることでしょう。

密教は孤独な行です。一人ひとりが個々で行う修行ですので、隣の人がさぼっていようが、何やっていようが関係ない、自分のみの孤独な行、ただ一人の密教修行です。

一番のお手本は、阿弥陀信仰の親鸞聖人です。彼は阿弥陀信仰の念仏行者ですが、天台教学を学ぶ中で密教的な要素も理解しておられます。その親鸞聖人の行に対する境地が、「私だけの南無阿弥陀仏」です。ただ、自分と阿弥陀様だけの念仏があるのみです。周りの人が何していようが、日蓮上人から「浄土地獄」と悪口を言われようが、誰に何を言わ

護法神
仏法を守護する天部の神々。梵天、帝釈天、四天王、大黒天、竜王などの善神。

れようが関心がない。それを親鸞聖人は「私だけの南無阿弥陀仏」と念仏行者の境地を示しています。これは非常に重要な密教的修行の姿勢です。

密教修行者として、「私だけの密教修行」を極めること、その姿勢で十分です。誰に褒められることも認められることもなくとも、ただ私だけの密教修行を通して、霊性を深めていくのです。

共に霊性を求める密教行者の仲間も重要です。密教修行は孤独でありながらも、物質に価値を置く現代社会の中で、同じ霊的成就の目的を持つ修行仲間、精神の友は大切な存在です。しかし、修行者同士の関係であっても、やはり密教修行は孤独な行ですので、法友は頑張れと声をかけることができても、這い上がって前に進むのは自分自身です。

また、先達の存在は大切な灯明です。歴史上、霊性を求めた密教行者の先達は沢山おられます。その霊性が解放されていった努力と成就の足跡を知ることは、私たち修行者の励みとなります。時代時代の多くの先達を密教修行のお手本として、励まされます。

「私だけの密教修行」の姿勢は、自らの霊性を求める密教行者の在り方です。

日本には、仏教の本質が全て伝わっています。上座部仏教の伝統は奈良仏教の**律宗**に伝わっています。大乗仏教は浄土信仰、法華経信仰、禅宗として伝わっており、日本伝統仏教の基盤となっています。そして密教は真言密教、天台密教に伝わっています。また、儒教は日本人のモラルの原点です。道教は陰陽道として古代から大和朝廷が取り入れ、暦や占いなど日本文化の基礎となっています。そして神道には古代アニミズム精霊信仰から天神、地神、宇宙神までの神界が展開しています。つまり、日本には東洋の精神、アジアの霊的体系が全て収まっています。奈良時代以前の超古代から現在に至るまで、日本には日本人が積み上げてきた精神性がそのまま現存しているのです。

日本の霊性が国家神道として一色に染められてしまっては、非常につまらない、薄っぺらなものになってしまいます。日本の霊性は、原理主義の一神教に留まらない、豊かな霊性の源泉とも理解することができます。超古代から積み上げてきた様々な霊性のあり方を、私たち日本人はもう一度紐解き、嚙み砕き、個々の腹でしっかりと体験を通して消化し、身につけるべきです。そうすることで古代の先達から現代の私たちに与えられた霊的な宝物を再認識できると信じています。

律宗
日本に鑑真和上が伝えた四部律の宗派。唐招提寺を本山とする南都六宗の一派。

・柿坂神酒之祐、『百年後の人たちへ賢人からの遺言たいらけくやすらけく』、ヴォイス、二〇一八年。
・小林美元、『古神道入門』、評言社、一九九八年。
・山蔭基央、『神道の神秘 古神道の思想と行法』、春秋社、二〇一〇年。
・伊藤聡、『神道とは何か』、中公新書、二〇一二年。
・五来重、『修験道入門』、ちくま学芸文庫、二〇二一年。
・久保田展弘、『山岳霊場巡礼』、新潮社、一九八五年。
・伊藤正敏、『歴史文化ライブラリー86 日本の中世寺院 忘れられた自由都市』、吉川弘文館、二〇〇〇年。
・黒田俊雄、『寺社勢力 もう一つの中世社会』、岩波書店、一九八〇年。
・黒田俊雄、『王法と仏法 中世史の構図』、法藏館、一九八三年。
・網野善彦、『異形の王権』、平凡社、一九八六年。
・大石凝真素美、『大石凝真素美全集』、八幡書店、一九八一年。
・植芝盛平、『武産合氣』、白光真宏会出版局、一九八六年。
・呉座勇一、『南朝研究の最前線 ここまでわかった「建武政権」から後南朝まで』、洋泉社、二〇一六年。
・藤巻一保、『真言立川流の真実』、洋泉社、二〇一六年。
・廣田照夫、桐谷忠夫解説補筆、『飛騨の鬼神両面宿儺の正体』、叢文社、二〇〇二年。
・濃飛伝承懇話会編、『幻の美濃・飛騨王朝を追う』、サンメッセ企画出版部、一九九四年。
・岡田贇三、『よみがえる飛騨の匠』、幻冬社、二〇一七年。
・大橋俊雄校、『一遍上人語録』、岩波文庫、一九八五年。
・伊予史談会、『一遍聖絵・遊行日鑑』、伊予史談会双書、一九八六年。
・津城寛文、『鎮魂行法論 近代神道世界の霊魂論と身体論』、春秋社、一九九〇年。
・鳥居礼、『神代の風儀』、たま出版、一九八七年。
・関口真大訳註、『天台小止観 坐禅の作法』、岩波書店、一九七四年。
・宮坂宥勝、『仏教経典選8 密教経典 大日経・理趣経・大日経疏・理趣釈』、筑摩書房、一九八六年。
・松長有慶編、『インド後期密教［上］方便・父タントラ系の密教』、春秋社、二〇〇五年。
・松長有慶編、『インド後期密教［下］般若・母タントラ系の密教』、春秋社、二〇〇六年。
・松長有慶、『秘密集会タントラ和訳』、法藏館、二〇〇〇年。
・田中公明、『曼荼羅イコノロジー』、平河出版社、一九八七年。
・御嶽山肝要集、永田文昌堂編集部、永田文昌堂、一九三五年。

第三章　般若心経から深まる日本的霊性

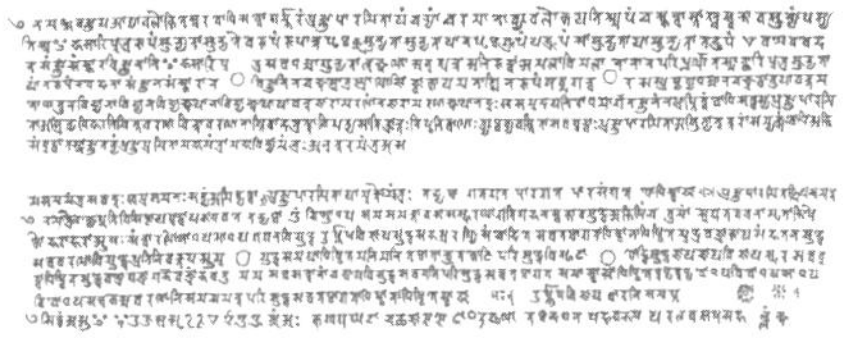

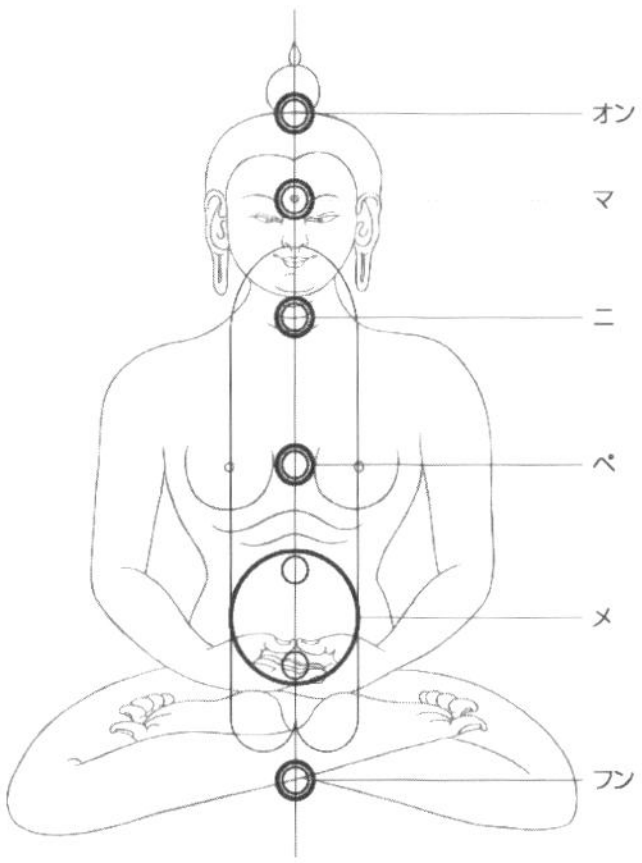

1　鈴木大拙の説く日本的霊性

日本的霊性と言いますと、禅宗系仏教学者**鈴木大拙**の名著があります。

鈴木大拙の視点では、鎌倉期以降に空の思想が禅宗と南無阿弥陀仏の**浄土信仰**が民衆の中に深まり、そこで初めて日本の霊性が確立したと説きます。超個心理学で言う前個的なレベルから個の確立のレベルへと上がり、個を乗り越えた超個の生き方へと思想的展開をしたと見ることができます。鈴木大拙は日本史において平安時代までは、個が確立していない前個的な状態と捉え、鎌倉時代以降に民衆の中に超個のレベルへと昇華した教えが、禅宗と南無阿弥陀仏の浄土信仰だと説いています。

禅宗は、出家して戒律を守り座禅を行ずる中で般若空の境地に留まる**聖道門**、清らかな聖なる道です。禅宗では、たった一人の**無位の真人**として個を確立しながらも、般若心経で説かれる空なる智慧の体得をめざし、個を乗り越え、内なるブッダ（仏性）に気付きます。阿弥陀信仰に広がる**易行門**、こちらは誰もが歩ける優しい道です。阿弥陀信仰も親鸞聖人以前の南無阿弥陀仏と親鸞聖人の南無阿弥陀仏とは大きく違います。

日本的霊性
鈴木大拙の著作集の中での代表作。

鈴木大拙
１８７０〜１９６６
西洋に禅文化を英語で伝えた近代日本の仏教学者。

浄土信仰
西方の阿弥陀の浄土の転生を願う信仰。

聖道門
修行によって自力で悟りを求める道。

無位の真人
本来の純粋な人間存在の本質を知る人。臨済義玄の境地。

易行門
自力の聖道に対し念仏を唱え阿弥陀の救いを得る他力の道。

平安時代、念仏行者の祖と言われる空也上人は、南無阿弥陀仏の浄土信仰を広く民衆に伝えました。平安時代末期、比叡山浄土学派の法然上人は、民衆の中に「南無阿弥陀仏」を唱える易行を広めます。特に末法の世となり沙婆世界で生きることが辛く四苦八苦の苦海から阿弥陀様に救って下さいと念仏を唱え、阿弥陀の浄土に生まれかわることを祈る、救済の阿弥陀信仰が広く民衆に伝わっていきます。

親鸞聖人の南無阿弥陀仏の境地は浄土信仰の民衆への広がりから、更に深まっていきます。それは**大無量寿経第十八の誓願**の本質に気付いた瞬間、実は既に阿弥陀様に救われていたと絶対的な安楽の境地に安堵するのです。個のレベルでは苦しみや悩みがあろうが、既に阿弥陀様に救われていたと気付き超個の安楽に留まることが、親鸞聖人の南無阿弥陀仏の心髄です。

この親鸞聖人の南無阿弥陀仏の六字名号念仏で阿弥陀様に救われていることに気付く境地と、禅宗の座禅で般若空を体得していく聖道門の境地は、根本的には同じであると説きます。これが鈴木大拙の日本的霊性の要です。

一休さんと蓮如上人との面白い出会いの逸話が残っています。**一休宗純**は、室町時代の京都五山の中でも一番格の高い大徳寺の座主でした。室町仏教の頂点に座る一休さんが**蓮如上人**と出会い、彼の南無阿弥陀仏の境地を聴いて、禅の境地も南無阿弥陀仏の境地も同じだと理解し、更に「南無阿弥陀仏のほうが簡単でいい」と、一休さんも南無阿弥陀仏を

親鸞聖人
1173〜1263
法然の弟子浄土真宗開祖。阿弥陀の本願絶対他力に決定した。教行信証著。

大無量寿経第十八願
法蔵菩薩が四八誓願で阿弥陀如来と成就した念仏往生願。

一休宗純
1394〜1481
臨済宗禅僧。禅宗の堕落を嘆き、破格奔放の風狂を示す。茶人の祖。狂雲集著。

蓮如上人
1415〜1499
本願寺中興の祖。教団組織と真宗教義観を確立した。和讃、御文章著

唱える念仏者となります。当時、京都五山禅宗トップの一休さんが南無阿弥陀仏に帰依した逸話が、禅宗の聖道門と南無阿弥陀仏の易行門の境地が同質であると明確にされた面白い出会いです。

そして、江戸時代に日本的霊性が一番広まり深まった境地が、南無阿弥陀仏の浄土信仰の中で生活をする**妙好人**です。普通のおじいちゃんおばあちゃんが阿弥陀様に救われて感謝している念仏三昧の日々の生活自体が、一番の悟りの境地だというところで、鈴木大拙の日本的霊性は終わっています。

特筆すべきは、**一遍上人**の南無阿弥陀仏です。彼の念仏は幻視者（ビジョナリー）として、阿弥陀様の声を聴き、心が通じる境地でした。これはまさにマハーヨーガタントラの境地と等しく、法身阿弥陀仏のウケヒの聖として、霊示を求めて全国の霊地を巡り民衆と共に活動しました。一遍上人は、地縁血縁の深い封建社会において、数多の**無縁の者**たちの心の拠り処として、阿弥陀の霊示を人々に伝えるため、霊地巡礼の遊行をしたのでした。

トランスパーソナル心理学では、三つの発達段階を立てます。例えば、子どもはまだ個が確立していない前個的な状態と理解でき、成人した大人は個が確立された段階です。ここでの個とは、健全な自我の確立という意味です。前個的な未熟な状態の人格が不健全な個として固まってしまうと、逆にエゴで自分自身が苦しくなるという状態、個を確立しな

妙好人
農民商人など一般在俗の篤信念仏者。阿弥陀念仏信仰の高い境地にいながら世俗に暮らす無名の人。

一遍上人
1239〜1289
時宗の開祖。踊り念仏と賦算で捨聖として民衆と全国霊地を遊行結縁。全自著を焼却し専修念仏を説く。一遍上人語録。

無縁の者
中世に山野海辺道路市場で暮らす人々また漂白芸能民や職人など非農業職種の地縁血縁を持たない権力構造から離れた自由社会集団の者。

がらも、内なる自我と戦い、他者や社会との関係で悩み苦しんでしまいます。この自我を越えた超個の状態を目指すことで、人生の新たな展開が開示します。

仏教には、自我という個を乗り越えた超個の状態を、菩薩行を歩むことで個を乗り越えることができると道が示されています。前個、個、超個という三つの段階を経て、初めて本来の内なるブッダ（仏性）に目覚め、個を乗り越えた状態、トランスパーソナルな段階へと成長していきます。日本人は、慣習的社会性の中で個を確立する事が難しいと言われます。エゴを出さない、我を主張しない事が、一般的に日本文化では美徳とされていますので、個を確立する、自分を主張する事は、日本文化的には得意としません。トランスパーソナル心理学の視点では、個的な状態から悟りという超個のレベルを求めるためには、まず健全な自我の確立をすべきだと段階的な発達を主張しています。

般若心経という日本的霊性の価値

私が本書で語る日本的霊性は、鈴木大拙の語る日本的霊性とは対極の視点を持っています。本書で語る日本的霊性は、鈴木大拙が触れなかった修験道や密教の視点に光を当て、神道と顕密仏教の関係性、神仏習合や本地垂迹という日本の神々の視点から、明治の廃仏毀釈後の民衆への霊示を含む日本的霊性を取り上げています。

鈴木大拙が説く日本的霊性の確立にとって一番重要な視点が、**無分別智**の獲得です。中でも日本の霊性を深い境地へと押し進めた重要な経典が、**般若心経**です。この般若心経が日本に輸入され、日本人がその境地を咀嚼し、民衆の中に広まっていくことによって、ブッダの悟りの本質、般若空という智慧が深められていったのです。

一般に悟りとは、輪廻の苦海から解き放たれ煩悩から解放される事が**解脱**（モクシャ）と理解されていますが、もう一つ重要な悟りの本質があります。それが**一切智**（サルバジュニヤーナ）を得る事です。この一切智がブッダの悟りの本質であり、一切智こそが空性の理解、膨大な**般若経典群**の心髄です。特に般若心経は漢字二七八文字の短いお経ですので、日本では読経や写経など民衆に広く浸透していきました。般若心経が日本に伝わったからこそ、鈴木大拙が説く日本的霊性としての無分別智が深まっていったのです。

九〇年代、私がチベット巡礼後に中国西安の**青龍寺**にお参りに行ったとき、お寺の壁に般若心経が掲げられていたので大きな声で唱えていたところ、地元の中国人に「あなたはこの経を読めるのですか、理解できるのですか」と質問され、大変驚きました。現代の共産中国では、漢字は略字として記され、本字を読める人が少ないのです。ましてや漢字自体が仏教の専門用語ですので、空や蘊、般若などの漢字が読めたとしても仏教哲学用語の

無分別智
主客を離れた智慧。言語表現や概念を超えた不二なる境地。

般若心経
般若波羅蜜多心経の略。膨大な般若経典群の真髄を簡潔に纏めた仏説経典。

解脱 (moksa)
輪廻から離れ煩悩から解放された境地。

一切智 (sarvajna)
全ては空であると知る智慧。仏陀の本性知る智慧。

仏説摩訶般若波羅蜜多心経
観自在菩薩行深般若波羅蜜多時照見五蘊皆空
度一切苦厄舎利子色不異空空不異色色即是空
空即是色受想行識亦復如是舎利子是諸法空相
不生不滅不垢不浄不増不減是故空中無色無受
想行識無眼耳鼻舌身意無色声香味触法無眼界
乃至無意識界無無明亦無無明尽乃至無老死亦
無老死尽無苦集滅道無智亦無得以無所得故菩
提薩埵依般若波羅蜜多故心無罣礙無罣礙故無
有恐怖遠離一切顛倒夢想究竟涅槃三世諸仏依
般若波羅蜜多故得阿耨多羅三藐三菩提故知般
若波羅蜜多是大神呪是大明呪是無上呪是無等
等呪能除一切苦真実不虚故説般若波羅蜜多呪
即説呪曰
羯諦羯諦波羅羯諦波羅僧羯諦菩提薩婆訶
般若心経

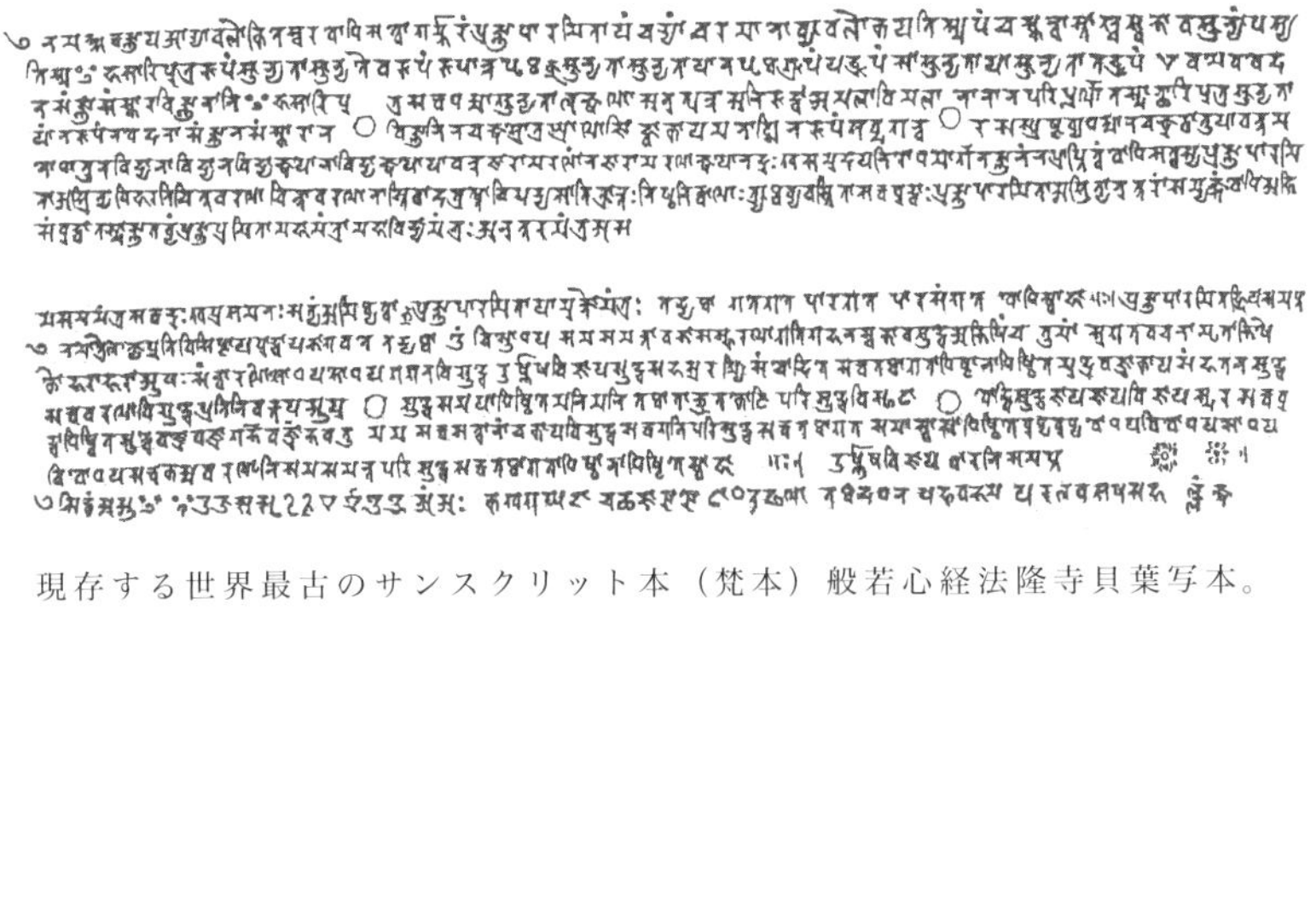

現存する世界最古のサンスクリット本（梵本）般若心経法隆寺貝葉写本。

意味がわからないのです。数千年続いた中国の霊性が数世代途絶えると、その本質が失なわれてしまう現実に愕然としました。

大乗仏教が目指すところは、般若空の理解と体得です。般若心経は、般若経典群と呼ばれる膨大な般若経大全集の要約です。般若経典群は、インド仏教の時代にはゾウが引く車二十台分あったと言われるほどの膨大な経典群です。その般若経典群のエッセンスを集め心髄としてまとめたもの、これをサンスクリット語でフリダヤと言います。つまり般若経典群の心髄が詰まったお経、それが般若心経です。大乗仏典によると、般若経や大乗仏典を読誦し、書写し、それを理解するものは多いなる功徳があると書かれています。

日本の古神道や修験道においては、神様仏様に来ていただき加持力を得るために、必ず般若心経を唱えます。今も天河弁財天社では太鼓を叩いて般若心経を唱えます。今では神社で太鼓を叩いて般若心経を唱えるところは珍しいのですが、日本の古神道では、明治維新の廃仏毀釈前の江戸末期までは、神社でも唱えられたり、納経がされていました。修験道にしても、般若心経を必ず読むことがポイントです。

般若心経の智慧とは、三世十方諸仏の悟りの本質、無上正等覚、阿耨多羅三藐三菩提(あのくたらさんみゃくさんぼだい)です。この智慧の体得があるからこそ、日本の八百万

般若経典群
般若波羅蜜多を説く大乗仏典群。大般若波羅蜜多経六百巻が大集成。大蔵経の般若部に属す。

青龍寺
唐の都、現在西安市の寺。唐中期密教僧恵果が寺住し、空海が密教を学んだ寺。

の神様や全ての霊体の空なる器とし、神仏の顕現を智慧の視点から捉えることで、自我を越えたトランスパーソナルの領域から、存在の本質へと深めていくことができるのです。神仏習合の古神道、修験道においても、般若心経を唱えるからこそ、神様や仏様、様々な霊体が活き、その霊力が発動するので、神変加持の成就力が深まります。この般若の智慧がないと、霊体に囚われ、その本質が見えなくなってしまいます。般若心経が説く空性の理解を得てこそ、霊的な進化を遂げることができるのです。ですので、古神道や修験道の密教行者が般若心経を読むことの意味は非常に深く、日本人が般若心経を大切にしてきた歴史は、価値深いことだと思います。

般若心経から密教の智慧へ

約二千年前インドにおいて**龍樹**（ナーガールジュナ）は、般若経典群の哲学解釈書として中観哲学を説き、空の哲学を確立しました。そして、後の仏教哲学実践者たちによってその境地を体得するための禅定が実践行として深められてきました。

六世紀頃には般若経典群に説かれる智慧が、密教経典群へと更に発展していきます。大

龍樹（ナーガールジュナ、Nagarjuna）150〜250頃、南インド出身。大乗仏教中観哲学の祖。中論著。

乗仏教の般若経典群には、大般若経や八千頌般若経、金剛般若経など膨大な般若経がありますが、般若波羅蜜多理趣百五十頌と分類される般若経は、後に般若理趣経として独立した密教経典に発展していきます。中でも般若理趣経「十七清浄句」には、本来の清浄なる境地、**自性清浄心**が大楽（マハースカー）の境地であると説かれます。般若経典群は後期インド密教への萌芽を秘め、**左道タントラ密教**という性ヨーガへと発展していきます。その密教哲学の源流が般若理趣経です。特に日本密教では**理趣経**は重要な密教経典であるとされますが、あまりにも性的な要素が強く、師からの灌頂を正式に受けた者のみが読むことが許される教えでもあります。例えば上座部仏教では、五感は欲の入り口として制御するよう戒律で戒められますが、理趣経では五感を開放することで悟りを得ると説きます。

「全てが清らかであること」の一番の根本は、一切空という境地に立ち、始めから清浄なる境地がそこにあると示します。この境地が金剛薩埵（ヴァジュラサットヴァ）、の境地そのもの、自らの性質は清浄であるという自性清浄心です。大日経と金剛頂経の両界曼荼羅思想をベースに、日本の霊性全てが曼荼羅の中に収まりましたが、理趣経は日本の密教を更に深めていく空なる境地から、全肯定的生き方を提示しています。

理趣経は**他化自在天**というシヴァ神が住む天界で説かれた教えで、人間界に対して説かれたお経ではないのです。シヴァ神はすべての欲を享受しています。そこに大日如来が現

自性清浄心　心の真如は本来穢れを離れた清らかな本性であること。

左道タントラ密教　煩悩愛欲を肯定し、性ヨーガや儀式で悟りを得る密教。

理趣経　般若経典群に属する密教経典の源流にある十七清浄句を説く重要経典。

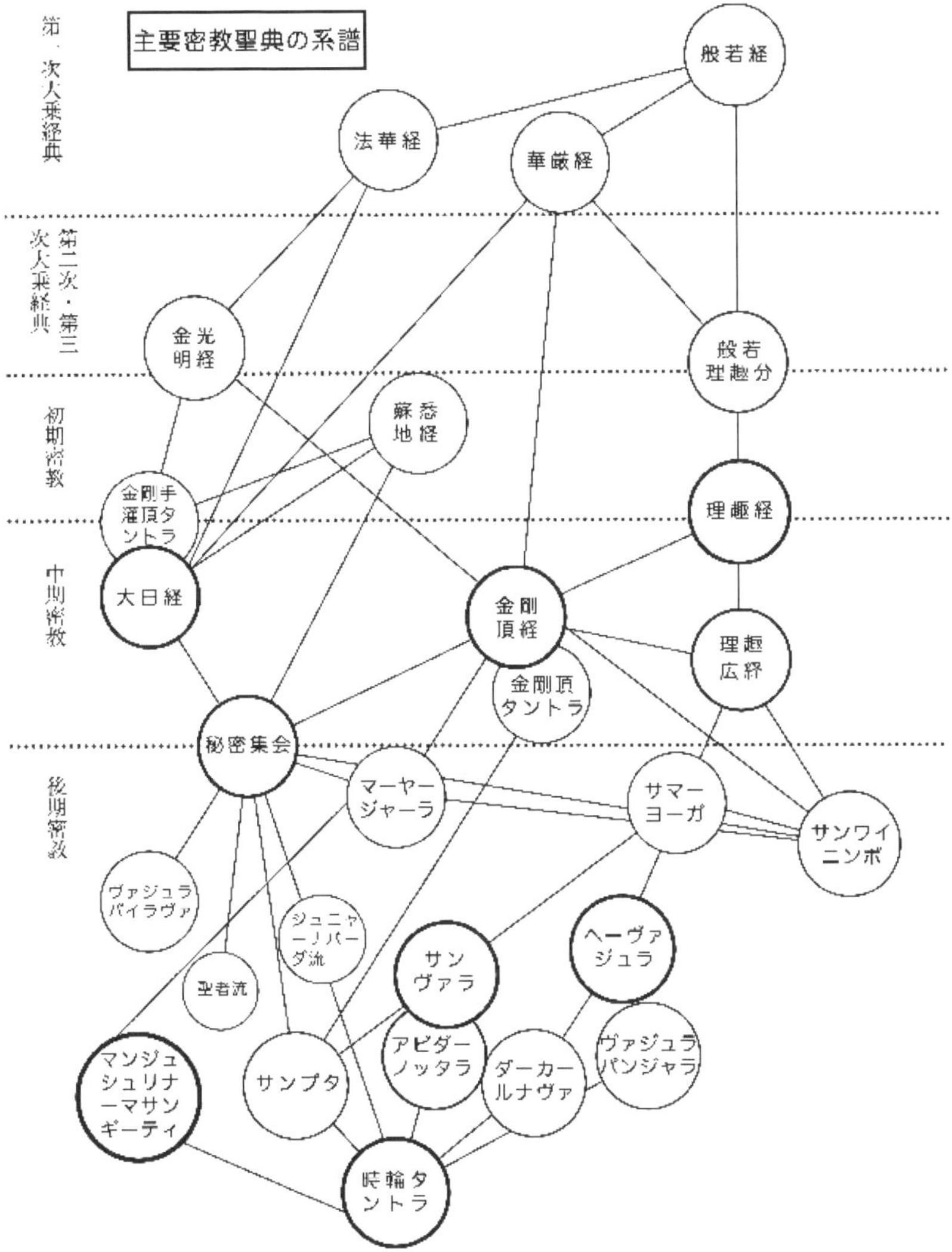

般若経から密教経典への展開図（チベット密教 田中公明著 春秋社より）

れ、シヴァ神を教化するために「あなたが住む世界より、もっと清らかで美しくて素晴らしい世界があります」と説かれた教えなので、人間界でこの教えを聞くと誤解が生じてしまうと言われています。

後醍醐天皇には、**文観**という密教の師がいました。文観の密教は、真言立川流左道密教を説きます。元々のルーツは平安時代まで遡りますが、鎌倉期から南北朝時代に性ヨーガと呪法を行う呪術的密教として一部の流派に相伝されていきます。

しかし、真言密教の正統派である高野山を筆頭に、立川流左道密教は間違った密教として否定されます。特に江戸時代の徳川幕府ではモラルを重んじたため、立川流は邪教と禁止されます。しかし興味深い視点は、その当時の後醍醐天皇や文観は、日本には伝わっていないインド後期密教を知らないはずですが、同じ霊的思想の源流の理趣経の精髄を読み込んだ文観や後醍醐天皇が、理趣経から展開した性ヨーガがタントラヨーガとして発展していった、その境地に気付いたことが異端でありながらも興味深いのです。

理趣経の奥深さは、親鸞聖人の南無阿弥陀仏と同様に、世俗や自身の心が煩悩で汚れている為に、清める目的で理趣経を読むのではなく、本来清浄という境地に目覚めることを説くところです。般若経は、元々本来の空なる本質に気付くことを重要とし、自我の苦しみ、悲しみ、悩み、恐怖、それら全ての精神活動が、五蘊や六根十二処十八界が作りあげ

他化自在天
欲界六欲天最上位に住む全ての快楽に満ちた天界の仏道修行を妨げる天魔王波旬。

文観
1278〜1357
文観房弘真。後醍醐後村上両帝の護侍僧として南朝仏教政策の師。三尊合行法の事相を著した。また仏教美術に精通。真言律宗の律僧の一方、真言立川流の中興の祖。

「十七清浄句」大楽の法門

1. 妙適清淨句是菩薩位（男女交合恍惚は、清浄なる菩薩の境地である）

2. 慾箭清淨句是菩薩位（欲望が起こることは、清浄なる菩薩の境地である）

3. 觸清淨句是菩薩位（男女の触れ合いは、清浄なる菩薩の境地である）

4. 愛縛清淨句是菩薩位　（異性を愛する交合は、清浄なる菩薩の境地である）

5. 一切自在主清淨句是菩薩位

（男女交合に満足し全てが自由な境地は、清浄なる菩薩の境地である）

6. 見清淨句是菩薩位　（異性を見ることは、清浄なる菩薩の境地である）

7. 適悦清淨句是菩薩位（男女交合の悦なる快感は、清浄なる菩薩の境地である）

8. 愛清淨句是菩薩位（男女の愛は、清浄なる菩薩の境地である）

9. 慢清淨句是菩薩位（慢心は、清浄なる菩薩の境地である）

10. 莊嚴清淨句是菩薩位（飾り喜ぶことは、清浄なる菩薩の境地である）

11. 意滋澤清淨句是菩薩位

（思うがままに喜ぶことは、清浄なる菩薩の境地である）

12. 光明清淨句是菩薩位　（心の輝きは、清浄なる菩薩の境地である）

13. 身樂清淨句是菩薩位（身体の楽は、清浄なる菩薩の境地である）

14. 色清淨句是菩薩位（色は、清浄なる菩薩の境地である）

15. 聲清淨句是菩薩位（音は、清浄なる菩薩の境地である）

16. 香清淨句是菩薩位（香りは、清浄なる菩薩の境地である）

17. 味清淨句是菩薩位（味は、清浄なる菩薩の境地である）

た虚妄の世界と捉えます。自分が作り出すエゴのフィルターを介すことなく、般若の覚醒意識にただ留まることが、空性の禅定です。

カリフォルニアの青い空

カリフォルニアの青い空は、自由と開放の象徴です。一度その地を体験した人は、誰もがカリフォルニアのオープンな気風を感じることができるでしょう。北カリフォルニアのレッドウッドの森林地帯に佇むオディヤン寺院は、八世紀にパドマサムバヴァが落慶法要をしたチベットの**サムイェー寺院**と同規模の巨大な立体曼荼羅寺院です。そこにはチベットや飛騨山中の氣風と同じ青い空があります。オディヤン曼荼羅の外側にあるチャペルと呼ばれる小さなお寺にタルタン・トゥルクは居を構えています。生徒の氣が熟すと彼の自宅で、リンポチェに面授の機会を得ます。

ある時、リンポチェに呼ばれた私は、黄色い布から解かれた大きな経典の束を見せられました。

サムイェー寺院
8世紀チベット吐蕃時代、ティソン・デツェン王が建てた立体曼荼羅寺院。インド大学匠シャンタラクシタの招聘でパドマサムバヴァが招かれ悪神を調伏し地鎮祭を行なった。インド仏教と中国仏教が王の前で論戦したサムイェの宗論の場。

「以前、あなたが語っていた、ミスターササメがパンチェンラマから譲り受けた経典は、多分これだろう。この経典は般若経の一部だ」

それは金泥直筆の古いチベット経典で、チベット大蔵経の一部でした。

「この経典はサザビーズのオークションに出品されていたものだ。少々高値だったが、ミスターササメのために手に入れた」

晩年の笹目先生にお会いした時、「盗賊に盗まれたパンチェンラマの大蔵経がカナダのとある銀行に抵当として保管されていることを突き止めた」と言われていたことを思い出しました。リンポチェは、「大蔵経の一部を現金化するために、オークションに出品したのだろう」と推測されていました。

パンチェンラマの大蔵経が百年の時を超えて、さまざまな因縁の果てに、チベットの地からアメリカ大陸の北カリフォルニア山中のオディヤン寺院に辿り着いたのでした。その経典の一部が般若経とは、偶然とは思えないほど驚くべきことでした。

タルタン・トゥルクは、散逸する**チベット大蔵経**を収集し、新たな装丁で百二十巻のニンマ版とし、一九八〇年に米国でチベット大蔵経を開版します。その後、チベットに伝わった全ての仏典や論釈書を蔵外教典八百巻に編纂し、仏典の保存に力を入れてきました。

チベット大蔵経
8世紀以後チベット語に数々の仏典が訳出され編纂された経典大全集。経律蔵部（カンギュル）と論蔵部（テンギュル）に編纂。吐蕃時代の破仏前の古訳と後の新訳がある。ナルタン版、チョネ版、北京版、デルゲ版、ラサ版などがある。

更に一九八九年から、インドのブッダ成道の地ブッダガヤにて世界平和セレモニー、**モンラムチェンモ**を主宰し、一万人の亡命チベットラマ僧らが祈りを捧げる法要を毎年開催しています。そして、法要に参加する全てのラマたちと亡命チベット寺院に、毎年膨大な経典の無償配布を行なっています。チベットという千年仏教国の国土が侵略されて六十年以上が経ちますが、タルタン・トゥルクの経典保存に対する熱く強い思いは、歴史的価値を持つ経典の焚書を目の当たりにした深い悲しみを、経典無償配布事業を通して、未来への仏教復興を願う生涯を掛けた惜しみないプロジェクトとして続けられています。

チベット仏教では般若経に説かれる智慧の瞑想が、何も捉えらない青い空に喩えられるように、その広大な空間と意識空間は同等と見ます。青い空に雲が現れても、それは常に生々流転し、一瞬も留まることなく、来ては去ってゆくものです。その雲は、私たちの心に去来する思考そのもの、雲を追うことなく、青い空間をただ見つめること、密教ではそれが意識の本質そのものだと理解します。

この広大な空間を仏教では、**法界**（ダルマダートゥ）と言います。

モンラムチェンモ
チベット僧院での大祈祷会。１９８９年より仏陀成道のブッダガヤで亡命チベット僧一万人による平和祈願が毎年行なわれている。１９９３年よりチベット全宗派で仏陀四大聖地で開催されている。

法界（dharma-datu）
全宇宙の根源的存在の体性。法性、真如、法身と同義。

太平洋を見下ろす立体曼荼羅オディヤン寺院
東にストゥーパ、南にチンタマニテンプル、西にヴァジュラテンプルが建つ。

1
2
3
4
5
7

モンラムチェンモ（ブッダガヤ世界平和セレモニー）
１９８９年より、タルタン・トゥルクの呼びかけで始まった一万人のラマによる世界平和を祈る祈願会。亡命チベット寺院への経済支援、全ラマと在俗参加者へ経典無償配布事業を毎年行なう。

ブッダの視野　華厳の世界

奈良の東大寺には、聖武天皇が鎮護国家のために建立した日本一の大仏が鎮座されています。この毘盧遮那仏は、**華厳経**の広大な世界を現しています。次の数の大きさは、小学校四年生で習いますが、この数の大きさの概念は、華厳経で説かれる広大なブッダの視野が、現代物理学の乗数に対応していることが興味深いです。

一十百千万、億、兆（ちょう）京（けい）垓（がい）秭（じょ）
穣（じょう）溝（こう）澗（かん）正（せい）載（さい）
極（ごく）恒河沙（ごうがしゃ）阿僧祇（あそうぎ）
那由他（なゆた）不可思議（ふかしぎ）無量大数（むりょうたいすう）、

一方で、小さい数です。

分（ぶ）、厘（りん）、毛（もう）、糸（し）、忽（こつ）、微（び）、繊（せん）、沙（しゃ）、

華厳経（Avatamasaka-Sutra）大方広仏華厳経。毘盧遮那仏の広大で荘厳された輝きの世界、法界縁起を説いた初期大乗仏典。

無量大数 仏教の数量の単位。不可思議の一万倍。

涅槃寂静 煩悩が寂滅した安住の境地。
仏教の数量の単位。

じん（塵）、埃（あい）、渺（びょう）、漠（ばく）、模糊（もこ）、逡巡（しゅんじゅん）、須臾（すゆ）、瞬息（しゅんそく）、弾指（だんし）、刹那（せつな）、六徳（りっとく）、虚（きょ）、空（くう）、清（せい）、浄（じょう）、阿頼耶（あらや）、阿摩羅（あまら）、涅槃寂靜（ねはんじゃくじょう）

この大数や小数の漢字の数詞は、華厳経に由来しています。**無量大数**は、10の68乗で、10のマイナス26乗が**涅槃寂静**です。一刹那という今一瞬は、10のマイナス18乗です。無量大数から涅槃寂静までの広大な世界は、二千五百年前にブッダが瞑想の中で見ていた世界、ブッダが見ている意識空間の視野を表しているのが、華厳経の世界です。

その華厳の世界の**毘盧遮那仏**、密教での**大日如来**が、光の源です。大日如来の光は、マクロ宇宙の10の68乗から10のマイナス26乗の涅槃寂静のミクロの小さな世界まで遍満しています。更にこのマクロからミクロまでの広大な一つの宇宙が、一つの泡であると説きます。大宇宙はこれらの泡が生まれては消える生々流転の無限のサイクルを作り上げていると説きます。

この宇宙観を仏教では如来界と捉えます。如来界は法界（ダルマダートゥ）とも言い、その本質は、法性（ダルマーター）、存在の本質です。法性は、そのまま**空性**（シュンニャーター）そのものであり、法性、空性は**仏性**として衆生の心に宿り、同一の本質を持ちま

毘盧遮那仏 (Vairocana)
宇宙の真理を照らす光明遍照の如来。

大日如来 (MahaVairocana)
密教の教主本尊。五智如来曼荼羅の中心、法身仏。

空性 (Sunyata)
一切は縁起により生じた、実体のない空しいうつろな性質であること。不変恒常な実体がないこと。

仏性 (Buddhatva)
衆生に仏の性質が宿っていること。仏陀の本性。如来蔵。

す。私たちの意識の本質、ブッダの性質を宿している仏性には、マクロからミクロまでの100乗近い広大な意識空間が内在しています。

如来の智慧の光は、報身の光彩として菩薩界と明王界が現れます。菩薩界では、観世音菩薩、文殊菩薩など優しく慈悲深い菩薩の様々なイメージとして現われますが、一方で明王界では怖い忿怒の明王、憤怒神（ヘルーカ）として現われます。この如来の光は、そのまま現象界に投影されます。

この法界（如来界）には、菩薩界、明王界、護法神界や欲界、色界、無色界の三界に様々な世界が現れますが、これを擬人化として見るよりはむしろ光の波長や音の振動数として捉えると、無限大の広大な領域に触れることができます。眼耳鼻舌身の五感から、目で見えている可視領域だけが現実世界ではなく、見えない世界も存在していると理解することができます。耳も鼻も同じです。嗅覚も味覚も触覚も同様に広大な領域が存在します。人間の感覚器官の限界値レベル以上の振動数や波長の広大な空間をイメージしてみましょう。この眼耳鼻舌身の五感の感覚器官から得られる領域を知ると、振動や波長による広大無辺な空間を感じることができます。

ブッダの教えは、この現象世界は幻のようなもので、その本質は空なるものだと説いています。私たちは眼耳鼻舌身という五つの感覚器官を通して、世界を捉えます。伝統的な

数の大きさ

むりょうたいすう〔無量大数〕1 無量大数 =10^68 (10 の 68 乗)
ふかしぎ〔不可思議〕1 不可思議 =10^64　宇宙の最大は直径 930 億光年、5.444x10^61
なゆた〔那由他〕　1 那由他 =10^60
あそうぎ〔阿僧祇〕　1 阿僧祇 =10^56
ごうがしゃ〔恒河沙〕1 恒河沙 =10^52
ごく〔極〕　1 極 =10^48
さい〔載〕　1 載 =10^44
せい〔正〕　1 正 =10^40
かん〔澗〕　1 澗 =10^36
こう〔溝〕　1 溝 =10^32
じょう〔穣〕　1 穣 =10^28
じょ〔秭〕　1 秭 =10^24= ヨタ /Y　銀河団の連なり、宇宙の大規模構造は 数十 (じょ)km
がい〔垓〕　1 垓 =10^20 * ゼタ /Z= 十垓 =10^21　銀河系は、数垓 (がい)km
けい〔京〕　1 京 =10^16 * エクサ /E= 百京 =10^18
ちょう〔兆〕　1 兆 =10^12= テラ /T * ペタ /P= 千兆 =10^15 太陽系 10^13 100 億キロメートル
おく〔億〕　1 億 =10^8 * ギガ /G= 十億 =10^9 地球全体 10^7 地球の半径 約 6 千 500km
まん〔万〕　1 万 =10^4 * メガ /M= 百万 =10^6
せん〔千〕　1 千 =10^3= キロ /k
ひゃく〔百〕　1 百 =10^2= ヘクト /h
じゅう〔十〕　1 十 =10^1= デカ /da
いち〔一〕
ぶ〔分〕　1 分 =10^(-1)= デシ /d
りん〔厘〕　1 厘 =10^(-2)= センチ /c
もう〔毛〕　1 毛 =10^(-3)= ミリ /m　ミジンコ
し〔糸〕　1 糸 =10^(-4)
こつ〔忽〕　1 忽 =10^(-5)
び〔微〕　1 微 =10^(-6)= マイクロ / μ　赤外線など光線 DNA
せん〔繊〕　1 繊 =10^(-7)
しゃ〔沙〕　1 沙 =10^(-8)
じん〔塵〕　1 塵 =10^(-9)= ナノ /n　光のスペクトル (虹)、ナノテクノロジー、LSI
あい〔埃〕　1 埃 =10^(-10)　原子単位
びょう〔渺〕　1 渺 =10^(-11)
ばく〔漠〕　1 漠 =10^(-12)= ピコ /p
もこ〔模糊〕　1 模糊 =10^(-13)
しゅんじゅん〔逡巡〕1 逡巡 =10^(-14)
しゅゆ (すゆ)〔須臾〕1 須臾 =10^(-15)= フェムト /f　ウラン原子核の半径
しゅんそく〔瞬息〕1 瞬息 =10^(-16)
だんし〔弾指〕　1 弾指 =10^(-17)
せつな〔刹那〕　1 刹那 =10^(-18)= アト /a　クォークや電子の電磁的半径
りくとく (りっとく)〔六徳〕1 六徳 =10^(-19)
きょ〔虚〕　1 虚 =10^(-20)
くう〔空〕　1 空 =10^(-21)= ゼプト /z
せい〔清〕　1 清 =10^(-22)
じょう〔浄〕　1 浄 =10^(-23)
あらや〔阿頼耶〕1 阿頼耶 =10^(-24)= ヨクト /y
あまら〔阿摩羅〕1 阿摩羅 =10^(-25)
ねはんじゃくじょう〔涅槃寂静〕1 涅槃寂静 =10^(-26)
10^(-35)　プランク長　(＊注：乗を ^ と記した)

アビダルマ哲学や唯識哲学ではそれを、「五つの窓しかない船から、大海を見ているようなもの」と表現しています。また、それぞれの窓にも対象を捉える感覚の幅（レンジ）があり、その能力によって、捉えられる世界が違ってきます。

一つの例が、眼です。眼を通して、外界の光を網膜に当て、その光の情報を脳に伝えます。眼という感覚器官（眼）は色形という感覚領域（色）を捉え、眼という主体が色形の対象を現象として認識する眼の意識（眼識）で、眼界（眼の世界）が形成されます。私たちは眼を通して、空間の色形の現象を捉えます。また外界の音の現象を、鼓膜を通して振動として捉えます。それをアビダルマ哲学では、耳という感覚器官（耳）が、音の感覚領域（音）を、耳の意識（耳識）で捉えると理解します。もしも、眼や耳という感覚器官がなかったら、私たちは広大な無限の空間をどのように捉えることができるでしょうか。

私たちの現象界の空間には、感覚器官のレンジによってそれぞれ全く違う空間が出現します。このように眼、耳、鼻、舌、身（触覚）の五感は、心の意、心の領域、ダルマ（法）と、その心の世界を合わせて、様々な意識の世界を構成しています。

受蘊の感覚器官から取り込んだ情報は、**想蘊**でイメージを組み立てます。そのイメージを更に**行蘊**で自己の記憶や体験と結びつけようと検索し、最後に**識蘊**で個別に判断し名前を付けします。私たちはこの対象に対し自我意識、第七識のマナ識で、ああだこうだ、好きか嫌いか無関心の三つのパターン（三毒）で判断します。この判断識、分別識の基準は

意識の中に織り込まれているぼんやりしたイメージには、受胎してからの体験、経験、記憶としての意識のパターンが折り込まれています。これをアビダルマ哲学では、私たちの世界は、六根十二処十八界の組み合わせによって世界を認識していると説いています。

如来界の智慧の光明はどこにでも遍満していますが、対象を誤認する「私」という主体が生じることで、暗闇の無明の中に投影された感情的衝動である煩悩が生じます。誤認によって心に刷り込まれた無意識の衝動が**貪瞋痴**として起こり、その三毒が六種根本煩悩の働きとなり、意識に虚妄の映像を投影します。

人間を含む全ての生きとし生ける衆生が現象界に顕現しています。衆生の定義は、呼吸をするもの、五感の中で感覚器官を一つでも持つものと言われますが、衆生は法界が現象界に写される極一部分を捉えられるだけの存在です。限られた感覚器官で捉えた世界は、全ての宇宙を捉えられることはなく、認識した極限られた狭い世界の中に閉ざされてしまいます。そして、その閉ざされた意識空間もまた、泡のような空（うつろ）なる性質を持っています。

受蘊 (vedana)
五蘊の一要素。五つの感覚器官からの感受作用。

想蘊 (samjna)
五蘊の一要素。受蘊から形象が心に浮かぶ表象作用。

行蘊 (samskara)
五蘊の一要素。想蘊の表象作用から起こる衝動欲求。

識蘊 (vijnana)
五蘊の一要素。行蘊の衝動を対象を対象認識し知覚する精神作用。

貪瞋痴
（とんじんち三毒）
貪（とん）欲
瞋（しん）怒り
痴（ち）　無知

智慧の光明と三界のヒエラルキー

フォトン（光子）は光の素粒子です。この空間はフォトンに満ち溢れています。太陽系宇宙全体は、太陽の核融合反応の熱と炎で発光し宇宙全体を照らしています。その光の光源は、まさに如来の光そのものであり、巨大な大日如来の曼荼羅の中心と理解できます。曼荼羅の中心である大日如来は太陽のような巨大な存在としてイメージできますが、大日如来の本質は涅槃寂静の世界、フォトンという素粒子が１０のマイナス２６乗の光源であるとも理解できます。つまり、極微のフォトン一つひとつが、大日如来の光源なのです。

金剛界九会曼荼羅の一つ、**微細会**（みさいえ）には、極微の世界が表現されています。そこは量子の世界です。大宇宙の銀河の大日如来の世界から、曼荼羅の微細会の量子レベルの光源が金剛界曼荼羅に表現されています。このマクロからミクロまでの全ての次元が華厳の世界、法界であり、宇宙には如来の光が満ちあふれています。

この光の極微、フォトン、智慧の光明は、如来界（仏界）、菩薩界、明王界、護法神界、六道全ての世界に遍満しています。そしてこの光には、男性原理と女性原理として二つの働きがあります。それは、女性原理が菩薩の慈悲として現れ、男性原理は明王のダイナミッ

微細会（みさいえ）
金剛界曼荼羅の九会の一部。五三尊の仏の智慧が、金剛三鈷杵に住する金剛微細な智慧。

クなエネルギーの働きとして現れます。これを光彩と理解することができます。如来の光、智慧の光明は、菩薩界と明王界の光彩の曼荼羅として四方八方に広がっていきます。

現象界には、マクロ大宇宙の大日如来の智慧の光からミクロ微細会の極微フォトン（光子）が遍満しています。空という世界がどこか他にあるのではなく、空性の智慧と現象は両輪の如く一体で、現象世界に智慧の光が遍満しているのです。

その光は、欲界、色界、無色界という三種の天界のヒエラルキーを照らし出しています。そこには六道輪廻の天界、阿修羅界、人間界、畜生界、餓飢界、地獄界、六道から如来界までの世界が展開しています。**天界**には、欲界、色界、無色界という三種の意識空間があります。仏教用語で「三界に住処なし」と言われる世界です。この三界のどこにも安住の地はない、悟りの世界ではないという意味です。なぜならこの三界の住人は如来の光を知る智慧がないからです。

欲界には、**六欲天**という六種の世界があります。欲界は衆生の六種根本煩悩の意識が天界に投影された意識空間とも理解できます。欲界の一番下部の天界の四方を四天王が守っています。天界の欲とは、楽や喜び、楽しみです。音楽が奏でられ、長寿で、いつも楽しい世界です。そして欲界の一番上は、第六欲天があり、そこは魔が住む空間です。この世の全てをコントロールしたい支配欲です。ここには**天魔波旬**という魔、他化自在天が住んでいます。

天界 (deva)
六道の最上位。神々が住む欲界色界無色界の三界がある。

六欲天
天界の内人間界に近い下位の天部。上から他化自在天、化楽天、兜率天、夜摩天、刀利天、四天王衆天がある。

天魔波旬
他化自在天の別名。

欲界の上部の天界は、**色界**です。色界は欲を離れた純粋な物理現象の世界です。物質空間の中には微細な意識を宿しているとも言えます。つまり、現象として現れている素粒子の物理世界には、記憶や情報が物質に意識が宿っていると捉えられます。様々な物質現象に意識体が宿る世界が、色界です。

水や火という元素の根源的本質は現代科学でもってしても、未だ充分に解ってはいませんが、**地水火風の四大**（元素）には、地の神様、水の神様、火の神様、風の神様など微細な元素空間に意識が宿っていると捉えられてきました。地水火風の元素には、現象界に現れるエネルギー現象の働きを宿しています。例えば、光という微細な空間現象には、**摩利支天**の意識が宿っています。摩利支天は火の神様、アグニ神の眷属です。太陽や月の光線が冬山の雪景色に当たると一面キラキラと光輝く、ピカピカと光る屈折したプリズムや陽炎に、摩利支天の意識が宿っているとされます。

色界には四段階のヒエラルキーがあります。初禅はブラフマン、大梵天、梵輔天、梵衆天という**梵天**が住む世界です。二禅は光や音です。三禅は、清らかなミクロの世界、光の持つ清らかな微細で清浄なレベルです。四禅は究極の清らかな世界から更に喜びが感極まる世界です。この色界の一番最上部四禅天には、大自在天が住む**色究竟天**という天界の意識空間です。ここが全ての微細な究極の物理現象、地球を含めたや宇宙の現象世界が究極に極まった世界と捉えられます。

色界 (rupa-dhatu)
三界の一つ。欲を離れた清浄な物質世界。四禅十八天。

地水火風の四大
万物の構成元素。地（堅性）水（湿性）火（熱性）風（動性）

摩利支天 (marici)
仏教の護法神。梵天の子日天の妃。光の光線、陽炎。

梵天 (brahman)
宇宙創造のブラフマン。仏陀成道後、教えを求めた梵天勧請の天部の一尊。

色究竟天 (akanistha)
色界十八天最上位の天界。清浄な究極の物質世界。有頂天。

法身・報身・応身

如来界　釈迦牟尼如来、阿弥陀如来、大日如来、薬師如来 など　(法身)
菩薩界　観世音菩薩、文殊菩薩、地蔵菩薩、弥勒菩薩、金剛手菩薩など　(報身)
明王界　不動明王など　ヘルーカ(馬頭観音、ヤーマンタカ)など

護法神界　梵天、帝釈天、大自在天、四天王、吉祥天、弁財天、大黒天、龍神など天部
人間界　ラマ、師　(応身)

三界　(三界に住処なし)

無色界　四禅定　非想非非想処
無所有処
識無辺処
空無辺処

色界　三十三天　四禅・色究竟天・善見天・善現天・無熱天・無煩天(五浄居天)
・廣果天　・無想天・福生天・無雲天
三禅・遍照天　・無量浄天・少浄天
二禅・光音天　・無量光天・少光天
初禅・大梵天　・梵輔天　・梵衆天

欲界　六欲天　他化自在天 欲界の最高位　天魔波旬の住処
化楽天　五境の娯楽の境
兜率天　弥勒菩薩居住天
夜摩天　快楽を受くる世界
忉利天　須弥山の頂上、帝釈天の場
四大王衆天　持国天・増長天・広目天・多聞天

六道　天界　神々の住む世界
阿修羅界 常に神々と戦う悪神の世界
人間界　人の世は苦に満ち溢れているが、
唯一悟りを得ることができる
畜生界 動物の住む世界
餓飢界 常に飢えて満たされない世界
地獄界 悪業を積んだ者が堕ちて
責苦を受ける世界

これら欲界と色界の最上部に**無色界**があります。ここは純粋意識の空間です。無色界は、四つの高次の意識が段階的に現れています。下から順に、空無辺処、識無辺処、無所有処、非想非非想処の**四禅定**が存在します。空無辺処はどこまでも限りがない無限の空間として広がります。次は、虚空に意識が無限に広がる意識空間、識無辺処です。三段階目には、何かを得たり所有するという主体がなく、また対象が生じることのない意識空間、無所有処です。そして四段階目の天界最高の意識空間、非想非非想処という意識の世界です。想念が起こっていない非想処、しかし同時に想念が起こっていないこともない非想非非想処という意識状態。これが禅定においての最高の境地です。この天界最上部無色界には、欲や快楽もなく、物質現象もなく、ただ純粋精神のみの意識空間です。

無色界の四段階は、禅定の四段階である四禅定と対応します。色界が色蘊に対するように、受・想・行・識の四蘊に対応する意識空間が無色界です。しかし、この無色界の四禅定は全てが**阿頼耶識**の暗闇の領域です。この欲界、色界、無色界の三界は、如来の光に照らされながらも、如来の光、智慧の光明を知ることのない意識空間なので、解放された如来の光を捉えることができません。これが三界に住処なしと言われる所以です。

このような働きをコントロールすることで、阿頼耶識という限りない広大な非想非非想処の意識空間に留まりながら、本来遍満する覚醒意識の光明に触れた瞬間に、光が満ち溢れていることに気付く、この瞬間が仏界、如来界です。

無色界 (arupa-dhatu)
天部最高位。欲も物質も超えた精神の禅定世界。

四禅定
無色界の上位から非想非非想処、無所有処、識無辺処、空無辺処の四禅定。

阿頼耶識 (alaya-vijnana)
唯識哲学の八識の最深層に位置する意識の根本的基盤。判断識の主客を離れた根源的意識。

ニューエイジやスピリチャル系では「サムシンググレートの声を聞いて」などと言いますが、仏教の世界観から見ると、サムシンググレート（何か偉大な存在）とはとても曖昧な表現です。サムシンググレートという表現の危うさは、狐か犬か狸の意識もサムシンググレートと誤解する危険性があります。神道では、巫女にかかった霊体を見分ける「審神（さにわ）」という役割の行者が霊的理論に基付いて霊体の存在を判断します。如来の光明の本質、法身は、報身という光彩を通して、現象界に応身として顕現し、霊性のヒエラルキー、曼荼羅へと展開します。仏教では、このように霊的意識体を細部に渡り、曼荼羅の中で神仏の存在を定義付けていきます。

石に、水に、光に、虚空に、意志が宿る

現代の科学技術はこの百年ほどで、すさまじい発展をしました。特筆すべきはコンピューターで情報を計算し記憶し、アクセスする情報技術です。光ディスクはデータ情報を光として焼き付けます。光ディスクの中で最も多くのデータ情報が入る媒体が**ブルーレイ**です。可視光線の中でも最も波長の短い青色を使ってより多くの情報を焼き込める技術が開

ブルーレイ (blu-rey)
CD,DVD の後継となる第3世代の光ディスク。青紫半導体レーザーを使用し、微細な凸凹にデジタル情報を記録する技術。

発されました。曼荼羅の中心が青と表現されていることと照らし合わせると、とても興味深いです。現在では、ブルーレイよりも更にデータが入る媒体が開発されていないので、光に情報を焼き込む技術革新はブルーレイで止まっています。ブルーレイにしても光ディスクにしても、データを光に記憶させる現代の人間の技術はすごいと思います。光技術以前は石でした。磁石を粉砕し紙やフィルムに塗る磁気テープやディスクに情報を記憶させデータを蓄積させます。今はデータを光で読み書きできるところまで技術が進みました。

このことから現象界に遍満するフォトン（光子）には、膨大なデータ情報が織り込まれていると推測できます。私たち人類が、まだそれを読み出す技術と知識と智慧とを持たないだけなのでしょう。宇宙の始まりのない始まりから、終わりのない終わりまで、全ての宇宙のデータがこの現象界の空間に記録されていると理解することができます。人間でさえ、石や光にデータを書き込むことができるのですから、如来の智慧が、水や石に、また光や虚空に書き込まれていると推測することは容易です。

超古代の太古から、ピラミッドや巨石にはある種の霊的な智慧が書き記されていると言われます。その読み取り方を、私たち現代人の技術がまだ足りないので、現代科学の知識のレベルでしか読み取れていないだけなのかもしれません。光の智慧ならば尚更です。しかし一方で、古代から人類はその智慧を、密教や修験道の霊的体系を通して霊的な光として読み取る技術を発展させてきました。先に、現象界の色界には意識が宿っていると述べました。土地の神様、火の神様、水の神様、風の神様、光の神様など極微のレベルも含めて、物質には意識が宿っています。宿っているというよりもむしろ、知識や情報が織り込まれていると理解した方がよいでしょう。現象界には情報や知識が織り込まれているので、意識を清らかにして、現象の情報と共振するように働き掛け、感覚器官を開いて、物質を構成する四大、地水火風に意識を開放していきます。色界に宿る神々の情報や知識が、メッセージとして非常に親しく感じることができるでしょう。そして、何よりもこの空間自体に宇宙の始まりからのデータ情報、智慧と知識が書き込まれていることに気付きます。

この空間、虚空は、智慧の蔵として、情報が常に記録され続けている巨大な記憶装置と捉えることができます。それを古代からの霊的行者は**虚空蔵菩薩**（アカーシャガルバ）として擬人化し、そこにアクセスする霊的行体系、求聞持法が行じられてきました。虚空はインドの言葉では、アカーシャと言います。虚空蔵とは、虚空に書き込まれた智慧の蔵のことです。西洋神秘学で言われる**アカシックレコード**は、過去現在未来の記録が記されている霊的な記録装置と言われますが、どこか遠くの秘境に探しに行く必要はありません。私たちが暮らしているこの空間こそが、まさに智慧の宝庫なのです。

この空間には、私たちが深めれば深めるほど多層次元空間として、目の前に無限の可能性として広がっているのです。

虚空蔵菩薩（akasagarbha）　虚空のような無量無辺の福徳と智慧を蔵する菩薩。右手に智慧の宝剣、左手には摩尼宝珠の福徳を示す蓮華を持つ。虚空蔵菩薩の求聞持法を行ずると記憶力が増大する功徳がある。

アカシックレコード　過去現在未来の全ての事象や概念が刻まれているという霊的記憶装置。神智学の霊的概念。

3　密教行者の瞑想

ジュニヤーナサットヴァとサマヤサットヴァ

ジュニヤーナ、ジャーナ、プラジュナ、パンニャ、般若などと呼ばれる智慧を知ること、これが究極の悟りです。如来の智慧を得る**正覚**を一切智者として体現すること、これが仏道を行ずる目的です。一切智とは、法性、空性という智慧の光の本質です。

では、どのようなアプローチによって全ての智慧を得る者となることができるのでしょうか。それが、智慧を以て智慧を知るという密教行者の修行です。これを密教理論では、**ジュニヤーナサットヴァ**と**サマヤサットヴァ**という行体系の関係で説明します。

ジュニヤーナとは、如来の智慧です。智慧とは、如来の一切智、光源から発せられる根源的な意識です。サットヴァとは命あるものという意味ですので、ジュニヤーナサットヴァとは物質的な身体を持たない、**智慧の意識体**と訳せます。ジュニヤーナサットヴァの光の意識はどこにでも遍満しており、その光は誰にでも届いているはずですが、私たちが煩悩

正覚
正しい仏の悟り。

ジュニヤーナサットヴァ (jnana-sattva)
智薩埵、如来の智慧の意識体。

サマヤサットヴァ (samaya-sattva)
三昧耶薩埵、修行者

三宝
ブッダ、ダルマ、サンガ（仏法僧）の三つの拠り所、あるいは避難所。

のフィルターで自分自身を覆ってしまい、その本質を見ることができないのです。光に織り込まれている智慧の本質を知るために、私たちは自分自身を、修行をすることで祓い清め、心身を鍛錬し、瞑想を通して深い意識を捉えようとします。

この修行する姿勢を、サマヤサットヴァと言います。サマヤとは、約束という意味で、サットヴァとは生き物という意味ですので、サマヤサットヴァとは、人生を懸けて修行をする約束をした者、**修行者**と訳すことができます。密教行者の約束は、仏法僧の**三宝**に帰依をして、戒律を守り、霊性を自分の生きる中心として修行を深めるという誓願です。

密教行者は出家僧ではないので、世俗に暮らしています。世俗の人々は、金、地位、名誉を追いかけていますが、これらは掴んだと思っても無くなる虚しい**無常**なるものとして仏の教えで説かれています。世俗の三つの宝物は無常であっても、人生において最も尊い宝が、ブッダ、ダルマ、サンガ（仏法僧）の三宝です。この三宝を生きる上での中心とし、世俗の中にいながら（**同事**）も、世俗の価値観に染まらず離れること（**出離**）、修行者の生き方に決めた人（**決定**）、般若の智慧の教えを守る約束（**誓願**）をした者をサマヤサットヴァと言います。サマヤサットヴァとは、私たち密教の修行者のことです。そして、密教行者は修行の道を死んだ後も、バルド（中有）の中で行を深め続けます。

密教行者にとって一番重要な修行は、菩薩行です。菩薩は自分の身を切り裂いて**抜苦与**

無常 (anitya)　世界は常に生滅変転して常住ではないこと。一瞬ごと生じては滅する儚いこと。諸行無常。

同事 (samanattata)　四摂法の一つ。世間の中で衆生と離れず同じ生活をする事。

出離 (naiskramya)　出家せず、世俗の価値観や煩悩の束縛から離れる事。

決定（けつじょう）　仏道に安住し迷いなく定まった心。

誓願 (pranidhana)　菩薩が衆生救済を誓う事。四弘誓願。

楽の行として、衆生の苦しみを引き受け、楽を与えます。密教行者は自分の心身を他者に与えるためにヨーガ行を研鑽します。体を鍛え、大楽を体得するために修行をし、自分の体を切り刻んで苦しみを引き受け楽を与える、抜苦与楽の菩薩行を行ないます。

ジュニヤーナサットヴァとサマヤサットヴァは、真言密教でもチベット密教でも、密教行者と如来の智慧との関係の中で、どこまでも智慧に向かって働きかけていきます。密教行者が働きかけると、ジュニヤーナサットヴァがその働きを受け、法身から放たれる智慧の光やエネルギーが、行者に開かれていきます。

世界には智慧もエネルギーも既に遍満していますが、サマヤサットヴァである行者の修行が深まるにつれ、智慧の眼が開いていきます。凡夫は自分の心の中の自我のスクリーンに投影する煩悩しか見えず、好きか嫌いか無関心の三毒の中に閉ざしてしまいますが、一度、行者として智慧に向かって意識が開き、ジュニヤーナサットヴァとの関係が結ばれると、修行が一歩一歩深まるほどに、如来の光の筋が太くなり濃くなり、四方八方から光が輝き出します。古神道の用語では霊道が開くと言われます。東南西北の**四方拝**などの行から、菩薩や明王、神々に働きかけ、智慧の声を聞くことや知ることが重要な修行になります。こちらから呼ばない限り、如来からの光が届いていることに気付かないからです。ジュニヤーナサットヴァとサマヤサットヴァの関係において行者が目指す方向と目的は、如来

抜苦与楽
衆生の苦しみを取り除き楽を与えること。慈悲の働き。

四方拝
東南西北の四方の神仏に礼拝する祈り。

の一切智を体得することが、密教行者の道なのです。

霊的な宝、仏法僧の三宝から智慧が沸き起こります。曼荼羅の中心の如来の本質が、般若の智慧です。密教の綺麗な蓮華の花が開くと、東南西北の四方には、如来の光が五色の智慧の光として現れ、その五色が菩薩として出現します。菩薩の蓮の花弁は優しい慈悲の菩薩の光として、或いは怖い**憤怒尊ヘルーカ**、ダイナミックな明王のエネルギー体として、現象界に遍満していきます。その蓮の曼荼羅を取り囲むように、お釈迦様と仏法を守ると約束をした八百万の神々、護法神たちが存在します。

人間界の歴史上において、ラマや師、先達と呼ばれた方々、日本では、弘法大師、伝教大師、道元禅師、日蓮上人、親鸞聖人、一遍上人、一休さん、数多の仏道修行者など、また今現在も如来の光を体得された師の方々は沢山おられます。仏道のサマヤサットヴァの多くの先輩たちが、智慧を目指して体得した応身として、時代時代に活躍されてきました。この応身の先達に励まされ、目標とし、私たちは、この身を以て智慧を体得する道を歩むことができます。

憤怒尊ヘルーカ(heruka)
後期密教の憤怒の尊格。ニンマ派にはグル変化八憤怒尊、13世紀カルマリンパの埋蔵経典シトゴンパランドル（寂静42尊憤怒58尊、寂静尊憤百尊）、マハーカーラなど憤怒護法尊などがいる。

智慧の光明から観音様の振動を観る瞑想法

光の源は、覚醒意識が宿る心の本質です。仏教哲学では、智慧の光明、如来の智慧などと表現します。如来の智慧が中心から発せられ、四方八方十方にその光彩が広がっていきます。密教ではその光明を、法身、報身、応身と三つのレベル、**三身**と定義します。

法身（ダルマカーヤ）は、如来界という法の本体、法性（ダルマーター）、ダルマの性質、その本質は空性です。お釈迦様が涅槃に入られ身体が滅しても、如来の純粋意識である悟りの本質はそのまま永遠に存在する、それが法身です。法華経で一番重要な第十六章、**如来寿量品**に説かれる久遠の本仏に当たります。

応身（ニルマーナカーヤ）とは現象界に現れる物質の生身の身体です。顕教では、この応身を色身（ルーパカーヤ）と言います。この法身と色身の現象界との間に、密教では**報身**（サンボガカーヤ）という霊的な身体を立てます。この報身とは、光源から発せられる光のプリズムや虹に現われる霊的な光彩です。

密教ではこの三身の理解から、如来の光が霊的な存在の菩薩や明王として出現します。

三身
法身、報身、応身

法身 (dharma-kaya)
仏陀の真理の本体である空性、真如、法性としての姿。

報身 (samboga-kaya)
法身と色身（生身）の間に立てられた、修行の善根功徳の果報としての姿。

応身 (nirmana-kaya)
肉体を具えた身体。仏の有形生身。変化身。色身。

如来寿量品
妙法蓮華経第１６品久遠実成の本門。釈尊は過去世に成仏しており久遠の寿命をもつ法身を説く。

一番いい例が**観音菩薩**です。皆さんは、観音様と出会ったことはありますか。多分、いつも出会っているはずですが、私たちがその働きに気付いていないだけだと思います。般若心経を訳した**玄奘三蔵**は、アバロキテシュバーラを観自在菩薩と、サンスクリットの言葉を正確に漢訳しました。アバロキタは「観る」、イシュバラは「自在」という意味です。しかし、**鳩摩羅什（クマラージーヴァ）**は、それを「観音」と、意訳しました。「観音」とはとても良い訳だと感心しています。

観音様を観る。音で観る。そして常に観音様に見守られている。世間に渦巻く音と光が、観音様の本体なのです。観音様が奏でられている音の響きと光の波動を観ることができると、既に世間は円満に完成していると理解できます。智慧の光明は、法界の如来だけにあるのではなく、如来の光は世俗の現象界にも照らし出されているからです。しかし残念ながら私たちの心には、煩悩というフィルターが多層に重なり、その暖かく優しい慈悲に満ちた光を、素直に感じられなくなっています。私たちは、その厚いフィルターのスクリーンに、自我の欲や嫌悪を投影し、更に分厚い殻か壁をつくり、その中に閉じこもっているからです。

私たちが観音様の姿を見ることができなくても、観音様は音の響きでちゃんと語りかけています。その霊的意識体をクマラージュは「観世音」とも意訳しました。観音の字の間

観音菩薩　**観自在**（Avarokitesvara）大慈大悲の誓願で衆生を救う菩薩。阿弥陀如来の脇侍。補陀落山の浄土に住す。

玄奘三蔵　６０２〜６６４　唐代訳経僧。国金を犯しインド巡礼。ナーランダ大学で戒賢に師事し唯識を学ぶ。仏典６５７部を持ち帰り大般若経など翻訳事業を大成。

鳩摩羅什（クマラージーヴァ、羅什）　３４４〜４１３　亀慈国出身西域訳経僧。中論を研究。長安で約三百巻の仏典を漢訳する。

に世俗の「世」の字が付いていています。世間世俗の衆生の中に、どこにでも観世音の音が響いていています。音は振動です。光もまた振動です。この如来の光、智慧の光が報身としての振動であると理解できます。

では、観音様の振動を全身で体感できるよう、瞑想してみましょう。

瞑想のコツは、氣の通り道である背筋を真っ直ぐに伸ばすことです。**結跏趺坐**だと足が痛いという方は、あぐらでも構いません。そして穏やかな呼吸をします。瞑想時の姿勢は、自分の中心軸を正して四方の内なる霊性を拝する、四方拝と確認します。身体の中心軸、正中線を正すことは瞑想の重要なポイントです。正中線を正すことができると、心の内に曼荼羅が広がります。身体曼荼羅では、正面が東です。右側が南、背中が西、左側が北とされますが、方角にこだわる以上に心の中心から四方に広がる曼荼羅、身体の正中線を中心に四方八方に広がる八葉の蓮の花弁をイメージしてみましょう。

姿勢の次は、意識を呼吸に向けていきます。まずは前歯の裏側に軽く舌を当て、舌先で呼吸を感じ取ります。口を少し開いて、吸う息、止めて味わう息、吐く息を、腹式呼吸に合わせて行ないます。吸ってお腹を膨らませ、味わってそれを保ち、ゆっくりと吐いていきます。このときの腹式呼吸は、一輪挿しの壺をイメージしてみましょう。お腹の丹田あ

結跏趺坐
仏教での瞑想時に、両足を組み合わせ、両腿の上に乗せる座法。蓮華座。半跏趺坐は、片足を一方の片足の上に乗せ座る座法。

たりが膨らんで、みぞおち辺りから百会の頭頂に抜ける一輪挿しの壺です。吸って味わって吐いて、上半身の力をすべて抜く上虚、腹式呼吸で下半身に重心を落とす下実を体感（上虚下実）します。

この壺の呼吸から一点集中に入ります。そして、この複式呼吸のリズムに**根本真言**、オームアーフーンの聖音を合わせます。吸う息にはオーム、緩やかに止めて味わう息にはアー、吐く息にはフーンと心の中で唱えます。その音を舌先で、吸う息、味わう息、吐く息を、常に呼吸の風を感じ取ります。意識が舌先に集中できている間は、雑念が生じていません。常に意識を身体に留めておく重要なコツです。

正中線上には**チャクラ**というツボが幾つかあります。眉間、喉、胸、丹田の各四つのチャクラが、正中線上にあると自覚しましょう。重要なツボの一つが元気の源のツボ、丹田です。最も重要なチャクラは胸です。ハートには、覚醒意識の光源、般若空の光輝く心の本質が宿る大切なチャクラです。眉間のチャクラは覚醒意識や霊感と深い繋がりがあります。そして、喉のチャクラはハートと眉間を繋ぐ重要なポイントです。更に正中線の頭頂には、サハスラーラチャクラ、百会のツボがあります。この頭頂のチャクラは、天空に向かってプラーナ、氣、エネルギーが飛び出すポイントです。そして、正中線の最下部のクンダリニーチャクラ、会陰のツボは、氣が足の裏から地に降りていくアースポイント

根本真言
(Om Ah Hun)
全ての真言は、根本真言から派生する。

チャクラ (cakra)
円盤車輪等の意。タントラ密教では微細な身体のプラーナが流れる脈管と脈管が集中するチャクラで成ると説く。チャクラの数は七、六、五と経典により異なるがタントラ密教では三管四輪と、頭喉心臓臍の四つとされる。

の要です。これらのチャクラが正中線で全て連なり、全身を一つの振動体として感じることができます。

それでは次に、心臓の鼓動を感じるようにします。心臓の鼓動を感じることが難しければ、指先などの末端の感覚、血流の流れを感じ取るところからでもいいでしょう。心臓のリズム、鼓動をよく感じ取ってみます。心臓の鼓動、ハートチャクラを感じることができたら、次は眉間のチャクラ、アジナチャクラを感じ取るようにします。感じるのが難しい方は、指先で眉間に直接触れずに刺激しても構いません。指先でフワフワと感じるように、眉間のチャクラを感じるようにします。感じ取るコツは呼吸です。舌先で呼吸を感じながら、吸う息、味わう息、吐く息、吸って味わって吐いてと、舌先で眉間とハートの繋がりを感じ取るようにします。しばらくその呼吸法を続けます。正中線がずれると思考やイメージが起こりやすくなりますので、気を付けましょう。

次に、頭頂の百会を刺激します。実際に頭頂を軽く押してもいいですし、三センチか十センチほど指先を離して、ツンツンと上下に指先で空間を刺激して、この百会を刺激します。百会を感じることができたら、心臓の鼓動、ハートチャクラの光源を感じながら、腹式呼吸で頭頂を感じ続けます。頭頂と眉間、ハートを繋げるポイントが、喉のチャクラです。実際には、舌先で感じ続ける呼吸の集中から始め、意識が拡大し正中線上の各チャクラをじっくりと感じることに集中しましょう。

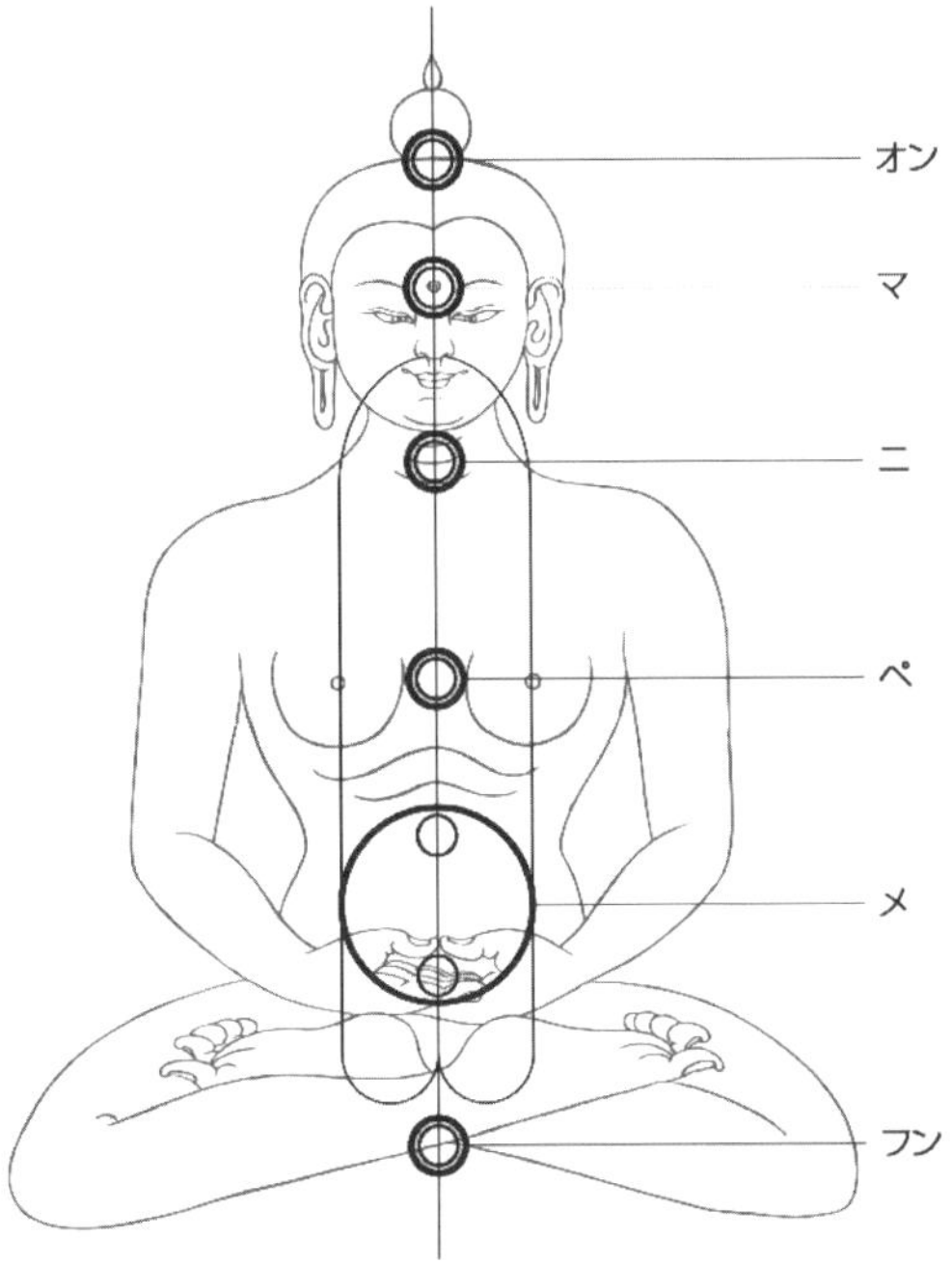

観世音菩薩真言

オン　マニ　ペメ　フン
(摩尼宝珠)　(蓮華)
智慧　慈悲

	六道	六種根本煩悩	六波羅蜜	五色	五仏	五智
オン	天界	慢心	禅定	白	宝生如来	平等性智
マ	阿修羅界	疑　妬み	忍辱	緑	不空成就如来	成所作智
ニ	人間界	我見	持戒	黄	釈迦牟尼如来	自性清浄智
ペ	畜生界	痴(無知)	精進	青	大日如来	法界体性智
メ	餓鬼界	執着	布施	赤	阿弥陀如来	妙観察智
フン	地獄界	怒り	般若	黒	阿閦如来	大円鏡智

(慈雨の光彩 オンマニペメフン　チベット密教秘密真言成就法参照)

次に丹田と会陰のチャクラを意識します。腹式呼吸の吐くときに、軽く肛門を軽く締めます。そして吸うときに、肛門を緩めます。逆に、吸うときに締めて、吐くときに緩める逆腹式呼吸を行なっても良いでしょう。ポイントは肛門を絞めたり緩めたりする中で、会陰のチャクラを刺激します。無理に極端な呼吸は行なわず、緩やかに軽く行うことから始めます。この状態で、身体を抜ける一本の中心軸の上に、頭頂、眉間、喉、胸、丹田、そして、会陰のチャクラを刺激していきます。

この心身の振動体は天から真っ直ぐに正中線の百会に降りてきます。そして体の各チャクラを刺激し、会陰から大地にアースする振動を感じ取ります。逆に、アースした大地のエネルギーが再び天空に向かって正中線を昇り、百会から全身を突き抜けていく振動を感じることもできます。北極と南極の地軸を流れる磁力のような**トーラス構造**の動きを感じ取ります。

それでは、この中心軸、体の四方に広がる曼荼羅を観想しながら、頭頂、眉間、喉、胸、丹田、会陰の六つのチャクラに「**オンマニペメフン**」という観音様のマントラの聖音を当てはめて、大きな声一音一音ゆっくりと、オン・マ・ニ・ペ・メ・フンと唱えます。

六種の聖音の響きを、各チャクラで感じ取ります。オンは百会、マは眉間、ニは喉、ペは胸、メは丹田、フンで会陰です。このボーカリゼーション（発声）の音の響きの中で、観音様を視覚化します。仏像や仏画の観音様の姿形をありありと観想してもいいですし、

トーラス構造(totus) 円周を回転して得られるドーナッツ状回転体。

オンマニペメフン (Om Mani Padma Hum) 右手に摩尼宝珠と左手に蓮華を持つ観世音菩薩の六字真言。

もしも観想が難しければ、如来の光、菩薩の光、観音様の光として、心の中に現れる光明を感じるようにしてみましょう。コツは、観音様の存在をリアルに感じることです。

腹式呼吸を続けながら、上半身の力を抜き、正中線をまっすぐ保ち、オンマニペメフンという観音様のマントラを唱えながら、その響きを各チャクラで感じ続けます。そして、その音の響きと光の波長が、心の中でどのように広がってゆくのかを感じ取りましょう。

観音様の瞑想法は、拙著「慈雨の光彩　オンマニペメフン」を参照して下さい。オンマニペメフンという真言の中に、仏教の基本的理論とその実践として瞑想法が示されています。真言を唱えるほどに、その多次元的聖音の中に秘められた智慧の記憶を読み出すことができるでしょう。

智慧の氣と覚醒意識

全ての命の根源は、私たちの身体を巡り自然環境を維持している**プラーナ**という霊的な氣です。これをチベットでは**ルン（風）**と言います。日本では氣です。この氣はあらゆる処に遍満しており、なくなることもないし、増えることもないし、汚されることもありま

プラーナ・ルン（風）(prana,rlung)
四大の内、風の元素の意(vayu)。身体エネルギー、自然治癒力、生命力の源。日本語では微細な氣の意。チベット語でルン。

せん。密教ヨーガ行の要訣とは、この微細なエネルギーのプラーナを感じ取りコントロールすることです。このプラーナを感じられている意識状態は、ああだこうだ、どっちかなという迷いの思考、二元的な思考に捉われることがありません。つまり、この氣を感じられる意識は、分別識、判断識に囚われることのない、無分別識です。今ここに気が巡っている刹那を感じ、ただそれに気付いている覚醒意識を保つことができる性質があります。

この覚醒意識は、**智慧の風**と呼ばれ、体内に満ち溢れ、上下に動いたり全身を巡り始めたり、更に身体の毛穴からこの氣が飛び出して、フワッとした、軽くしびれるような心地良い感覚が得られます。身体を包むような氣のオーラが感じられると、外界に満ち溢れる氣も共振しているように、ふっと手を差し出すだけで、向こうに離れたものを触っているような感じもします。

このような氣を感じられているときには、分別意識、自我意識がなく、二元的な思考や感情にも影響されず、安らかで軽やかで楽な気持ちが沸き起こってきます。この無分別、自我を超えた目覚めた意識の感覚が広がり、五感が冴え、思考に囚われることなく、深まっていく五感の感覚の中から、ヒラメキや直感、霊感として、智慧が湧いてきます。この氣の覚醒意識が更に深まってゆくと、身体から発する氣、プラーナが更に丹田を刺激し、底部から背骨にかけて熱くなっていきます。これが元氣の源です。

智慧の風
(yeshe-kyi-rlung)
微細な風、プラーナに宿る目覚めた意識の質。

この氣の感覚にずっと留まる覚醒意識は、如来界の般若の智慧、空の境地を体得してる意識に近い状態です。

無為の瞑想

近年、瞑想という言葉は一般的になっています。仏教ではこの瞑想を**習修**と**禅定**の二種類に分類します。

一つは、先に行なった呼吸法や観想法など、行者である主体が瞑想法という対象を用いて行なう心の訓練です。サンスクリット語ではバーバナ、チベット語ではゴンパ、日本語では習修(しゅじゅう)と訳されます。習修とは、繰り返し繰り返し練習するという意味で、これは段階的な安全な瞑想として、**止観**(シャマタ、ビパシャナ)の瞑想が代表的な瞑想法とされています。仏教理論を学び、瞑想によって体験を深め、階段を上るように一歩一歩理論と実践を重ねていきます。一つ一つ修習の階段を一歩ずつ上るなら、最後には般若波羅蜜という高次の意識状態、サマディーに達することは不可能ではないとされる瞑想アプローチです。これを**漸悟**といい、安全な悟りへのステップと言われています。この漸悟

習修 (bhavana)
同じ練習を繰り返し体得する為の仏法の実践修行。

禅定 (dhyana)
主客を離れた覚醒意識に留まる事。戒定慧三学の定。三昧。

止観
仏教瞑想の基盤。
止 (samatha) 心の煩悩の働きを呼吸法等で静める瞑想。
観 (vipassana) 心の煩悩の働きを観察しその不在性の本質に気付く為の分析瞑想。

漸悟 (ぜんご)
習修によって段階的に悟りへと到る道。

のアプローチは、止観が顕教と密教共通の仏教瞑想の基盤です。アビダルマ哲学をを基に観察分析瞑想の段階を踏んで、九つの瞑想ステップを上っていく**九住心**が説明されていま す。十九世紀のチベット超宗派運動の師であった、**ラマ・ミパム**の著「静寂と明晰」に詳しく説明されています。

もう一方の禅定は、般若の智慧を体得するため、二元的な意識を乗り越えた不二不一の境地にただ留まることを目的とします。サンスクリット語ではディヤーナ、チベット語ではサムテンと言います。日本では禅宗に、チベットではニンマ派に伝わるゾクチェンやカギュ派のマハームドラーに、同じ禅定を重んじる流派があります。禅定は、自他の区別のない境地にただ留まるだけ、これを二つでもなく一つでもない、**不二不一**（ふにふいつ）また、一でも多でもない、**離一多**（りいつた）と言います。この境地が禅定です。

これを**頓悟**といい、段階的な修行を踏むことなく、**中観ヨーガ行派**（自立論証派）が目指す禅定に留まり、一挙に悟りの境地を得るアプローチです。ただ、頓悟は危険だと言われます。一階にいる人が階段を上らず、ジャンプして二階に一気に飛ぼうとすると、大方は階段を踏み外し痛い目を見ます。危ないとはこのことです。もう一つの問題は、その境地を体得した正しい師につかないと、本物の悟りの境地が分かりません。悟りの境地を知らない先生がいくら指導しても、それを体験できないのは当然です。

九住心
禅定の深みへの九段階。安住心、摂住心、解住心、転住心、伏住心、息住心、滅住心、性住心、持住心

不二不一
二元論でもなく一元論でもないこと。

ラマ・ミパム
１８４６〜１９１２
中観哲学二派の二諦統合理解の視点を提示するチベット超宗派の学者、成就者。

離一多
存在を主張する有自性が、一や多のあり方が成立しない事を証因し、無自性を論証すること。

頓悟のアプローチは、コップの水をそのまま器に移すように師から弟子に境地を伝える**写瓶**（しゃびょう）として、脈々と相伝されてきました。タルタン・トゥルクはこれをトランスクリプション（転写）と語ります。写瓶は受け取る弟子の側に問題が提示されます。水を移すためには、まず器を空っぽにすることを求められます。もしも弟子の器の中に他の何かが入っていたら、そこには純粋な水が入りません。ですので、頓悟は、弟子が器をからっぽにする準備が必要なのです。

しかし、一般にはいきなり禅定の境地に留まるのも難しいので、そのために繰り返し繰り返し習修を重ねます。瞑想する主体、私という行者が、瞑想する対象、念仏や観想法、呼吸法など、瞑想対象を以って、繰り返し繰り返し瞑想訓練を行ないながら、高次の意識の状態に目覚めたまま留まる禅定へと目指していきます。

これから行う瞑想は、サムテン（禅定）に触れてみます。キーワードは**無為**です。無為の反対は有為です。何かをしようという作為をすることが有為ですので、何も作為をしないこと、これが無為です。瞑想中の作為とは、イメージや思考が生じたり、天の声やメッセージが聞こえたりすると、「これは素晴らしい体験だ」とか「この経験を大切にしよう」などと考えますが、これら全てが作為です。無為はそのような作為や心の働きを一切しません。どんなに素晴らしい「悟り」の体験をしても、それに対して何の作為もせず、その

頓悟
修行階梯を経ず悟りを得る道。

中観ヨーガ行派
中観自立論証派に同じ。龍樹（ナーガリュジュナ）の中観哲学は、縁起と空性を説く。実在の誤謬を論証する学派（帰謬論証学派）と、禅定の境地から空性に留まる学派（自立論証派）がある。

写瓶（瀉瓶）
器から器へ水を移しかえるように、師から弟子へ境地を伝える意。

無為
作為をせずただそのままでいること。

ままにして置きます。これらの経験は、瞬間に現れては消え、現れては消え、様々なイメージや思考や感情が意識の中に起こるかもしれませんが、それらは利那滅の残像の経験と理解し、心的対象に何も触れないようにします。また一方で、「作為は駄目だ、対象に触れないように努力しよう」と考えることも作為です。それさえもしません。

習修によって心を見つめる瞑想体験を深め、身体や意識に慣れ親しみながらも、作為をしない無為をキーワードに、何かを為そうとしないことだけに意識を保ち、ただ今の瞬間、刹那滅に留まる、どのような思考や感情が起こっても、対象を捕まえたり、追いかけたりしようとしません。

今！　今！　今！

ただそこに留まる。

コツはこれだけです。

余りにも作為の意識が溢れてきたら、また丹田呼吸で一点集中から身体感覚の正中線を取り戻し、念仏や観想法、止観などの「習修」を行ないます。そして雑念が収まり、再び不二なる意識、無為の覚醒意識に触れることができたなら、そのまま「今ここ」に留まります。起き上がり小法師のように、左右に揺れて思考やイメージに囚われながらも、最後には中心軸に定まり、無為なる覚醒意識に留まることができるようになります。この無為に慣れ親しんでくると、余り思考が起こらなくなってきます。この繰り返しです。

何かをなそうという意識や対象とやり取りのない意識にただ留まる。これが禅定、無為の瞑想です。自我意識が起こると瞬間に二元的意識に引き戻されてしまいますが、無為の意識に慣れてくると、自我が働く意識からも左右されることなく、眠りに耽ることもなく、ハッと意識が瞬間毎に目覚める覚醒感覚に慣れていきます。この覚醒意識は、過去の神秘体験を大切にしておく必要は全くありません。自分が生活する場に、瞑想経験が常にあることに気付くことができれば、瞑想体験をどこか遠くへ探しに行く必要もなく、日常生活での「今ここ」に、「瞑想の果」が現れます。

生活の瞬間瞬間の自覚の中に、坦々と暮らせる日常が深まっていくこと、これは非常に尊い体験です。日頃から瞑想習慣に慣れ、無為の瞑想に親しみましょう。

4　文殊の智慧から時輪タントラが説く世界最終戦争

約二千年前に般若経が成立して以来、般若の智慧である空性の教えは、その後数世紀をかけて膨大な般若経典群として編纂され、その境地から大乗仏典が編纂されてきました。そして六世紀頃には、密教経典へと展開し、ゾグリムやキェーリムという複雑な密教実践行を伴い、八世紀以後には後期インド密教へと発展していきます。

般若の智慧は「三人寄れば文殊の智慧」と言われるように、文殊菩薩は、般若経典群の空の哲学的シンボルです。また文殊菩薩は弥勒菩薩との問答において、弥勒菩薩が未来仏となることを受記（予言）します。文殊の智慧は、ブッダの智慧、一切智（サルバジュニヤーナ）と同等の本質を持ち、大乗仏典や密教では最も重要な見解（けんげ）となっています。

そして、この空なる文殊の智慧は、後期インド密教無上ヨーガタントラにおいて、「**マンジュシュリーナーマサンギーティ**（文殊師利真実名経）」という密教経典として編纂されました。この密教経典において文殊とは菩薩の存在以上に、三世十方諸仏の本質である**本初仏**（アーディブッダ）という根源的なブッダの本性である法身としての文殊如来、文殊金剛と呼ばれる尊格へと深化していきます。

マンジュシュリーナーマサンギーティ(Manjushri-nama-samgiti) 聖妙吉祥真実名義経　釈尊が幻化網タントラを説き終え、次の教えとして法身文殊金剛如来の六族を説いた無上瑜伽タントラ系密教経典。文殊金剛名号を読誦し讃嘆する詩節を説く。

本初仏(adhibuddha)　後期密教での法身普賢如来、法身文殊金剛如来、持金剛仏、金剛薩埵と同格の根本仏の尊格。

密教経典は、密教行者たちの深い瞑想体験の中から次々と展開し、その境地が纏め上げられ編纂されていきます。特に、金剛頂経系の無上ヨーガタントラでの智慧の開示は、**幻化網タントラ**（マーヤージャーラータントラ）という密教経典へと展開していきました。そして、智慧の秘密を解くように、マンジュシュリーナーマサンギーティの経典が幻化網タントラの続編として、本初仏、法身文殊如来の智慧が説かれたのでした。

マンジュシュリーナーマサンギーティでは、文殊金剛の様々な名前とその数多な徳を呼びかけます。文殊金剛には、五智如来の智慧と功徳の全てが内在しています。つまり、ブッダの智慧の本質が、五智如来の曼荼羅として開示され、その密教的シンボルが文殊金剛に濃縮されていると理解されます。

「**オンアラパツァナディ**」という文殊の真言は、五智如来の智慧の各一字真言である「ア・ラ・パ・ツア・ナ」が、文殊金剛の一字真言「ディ」に集約されています。般若の智慧が千年近くかけ、その本質が醸され円熟し、智慧の本質を示す密教経典「マンジュシュリーナーマサンギーティとして編纂されたのです。

般若経典群が般若心経に集約され、密教的境地がマンジュシュリーナーマサンギーティとして、文殊の智慧が結実したとも言えます。タルタン・トゥルクは、文殊の智慧のマンジュシュリーナーマサンギーティこそが、世界平和へと開く智慧と感得し、ブッダガヤ世

幻化網タントラ
(Mayajala-tantra)
仏説瑜伽大教王経
般若の五智で、衆生の蒙昧を打ち破る憤怒尊の儀軌、曼荼羅、成就法を説く。

オンアラパツァナディ
(Om A Ra Pa Tsa Na Dhih)
文殊菩薩の真言。

界平和セレモニーで一万人のラマ僧と共に十万回読経する法要を毎年続けています。

そして文殊の智慧は、更に「**時輪タントラ**（カーラチャクラタントラ）」という後期インド密教最後の密教経典として編纂されていきます。時輪タントラは、マンジュシュリーナーマサンギーティを基底にし、その教えが派生するように十世紀頃から編纂されます。一説によると、**ナーランダ大学**の学匠でありマハームドラーの祖の一人である**ナロパ**が編纂に当たったと言われています。この教えは長く**シャンバラ国**という霊的聖地に保存され、時代が熟した時に開示されると説かれています。

時輪タントラの内容は、外伝、内伝、別伝と構成されています。外伝には、須弥山を中心に宇宙が成り立ち、地水火風の四大を基盤とし、惑星、星座、星などのマクロ的宇宙観と時間観が説明されています。内伝では、衆生の身体が地水火風の四大と空と智慧を合わせた六大のミクロ的宇宙として説明され、チャクラヨーガを修することで「金剛身」を得ることができると説かれます。時輪タントラには、宇宙と時間のマクロ宇宙と微細な身体であるミクロ宇宙の浄化が説かれています。

十世紀頃から次第にイスラム教集団によるインド大陸侵略に直面していった世界情勢から、時輪タントラの別伝には、未来において「**世界最終戦争**」が起こると予言しています。この世界最終戦争に対する準備のために、密教行者は修行をし、新しい時代へと導く役割

時輪タントラ（kalachakra-tantra）
外伝内伝別伝の三部からなる後期密教最後の不二タントラ経典。生滅輪廻の時間暦から最勝本初仏の清浄身の境地、不変大楽を説く。

ナーランダ大学
学僧一万と大学匠千五百が居住したインド仏教最重要で世界最古の大学。玄奘が学んだ仏教大学

ナロパ（Naropa）
印ベンガル出身。ナーランダ大学学匠。大成就者ティロパの弟子となり成就。ナロパの六瑜伽、カギュ派の祖。

があることを説いています。

この世界最終戦争は「一神教と多神教の戦い」であると言われ、そのために、時輪タントラ密教行者は、密教ヨーガ行を行うことで「金剛なる空の鎧」を身に纏い、般若の智慧の境地「マハームドラーの智慧」を保ち、世界最終戦争に臨んでいくことが説かれています。ここで重要な視点は、中観哲学が説く「離一多」の般若の智慧のです。一神教でも多神教でもなく、極端の二辺を離れた般若空の境地、ここがマハームドラーの智慧です。

イスラム勢力は中央アジアから北インドに侵攻しインド大陸を征服し、十三世紀初頭、ナーランダ大学や**ビクラマシーラ大学**、ブッダガヤなどの仏教拠点が次々と破壊され、一二〇三年、インド仏教は滅んでしまいます。もしも時輪タントラから更に密教経典が編纂されたなら、現代物理学に通じるマクロ宇宙とミクロ宇宙の研究へと深まったのではないかと推測します。また世界最終戦争から、新たな時代へと開く弥勒の世への教えと展開したのではないかとも思います。

八世紀チベット吐蕃時代にパドマサムバヴァがサムイェー寺院にインド密教を移植します。十世紀頃からイスラムの侵入に危機感を持ったインド仏教の学者や行者たちがチベットに仏教の存続に賭けます。十一世紀、ビクラマシーラ大学学長の**アティーシャ**は、仏法の灯火を託し入蔵しました。その後、インド仏教はチベットにチベット仏教として守り伝

シャンバラ国
(Sambhala)
時輪タントラに説く霊的仏国土。カルキ王が世界最終戦争に備えている。

世界最終戦争
時輪タントラ別伝に説かれる一神教と多神教の最終戦争を、世界平和と調和への末法予言として説く。

ビクラマシーラ大学
ナーランダ大学と並ぶインド後期仏教の重要な拠点大学。8世紀末にパーラ朝王が創設。11世紀チベット仏法中興の祖アティーシャは僧院長。

えられます。しかし皮肉な時代の変遷が起きます。一九五九年中国共産軍がチベットを侵略し、今まで保存されていたチベットの智慧が破壊されてしまいます。中国共産主義は一神教と捉えることができます。インドに亡命したダライ・ラマ十四世は、時輪タントラの灌頂を世界平和への方便として授け、世界中の人々が学ぶ機会を設けています。

マンジュシュリーナーマサンギーティ（文殊師利真実妙経）や時輪タントラ（カーラチャクラタントラ）、秘密集会タントラ（グヒヤサマジャタントラ）は、密教研究者**栂尾祥雲**先生による研究書「後期インド密教の研究」に日本語に訳出され、現代の私たち日本人も読誦することができます。栂尾先生は日中戦争太平洋戦争の厳しい世相にいながらも、密教研究を深められました。日本の仏教研究は明治時代から仏教学者たちによって現代に引き継がれ、その高度な学際は世界レベルで認められています。先人たちの素晴らしい研究によって、私たちは深淵なる智慧を学ぶことができます。大変有り難いことです。

アティーシャ（Atisha）
982〜1054
ベンガル出身。ビクラマシーラ大学僧院長。チベット中興のカダム派の祖。菩提道灯論著。

栂尾祥雲
1881〜1953
真言宗僧侶。高野山大学学長。密教研究仏教学者。

マンジュシュリーナーマサンギーティ (Manjushri-nama-samgiti)

カーラチャクラ曼荼羅（時輪タントラ）

・鈴木大拙、『鈴木大拙全集 第八巻 日本的靈性 日本の靈性化』、岩波書店、一九六八年。
・中村元・紀野一義、『般若心経 金剛般若経』、岩波書店、一九六〇年。
・中村元・早島鏡正・紀野一義、『浄土三部経 上・中・下』、岩波書店、一九六三年。
・中村元、『般若経典(現代語訳 大乗仏典1)』、東京書籍、二〇〇三年。
・中村元編、『大乗仏典』、筑摩書房、一九七四年。
・中村元、『龍樹』、講談社学術文庫、二〇〇二年。
・平川彰・梶山雄一・高崎直道、『講座大乗仏教7中観思想』、春秋社、一九八二年。
・梶山雄一・瓜生津隆真訳、『大乗仏典 第十四巻 龍樹論集』、中央公論社、一九八〇年新訂版。
・三枝充悳、『中論 縁起・空・中の思想』、第三文明社、一九八四年。
・入矢義高訳注、『臨済録』、岩波書店、一九八九年。
・宮坂宥勝、『仏教経典選8 密教経典』、筑摩書房、一九八六年。
・松長有慶、『秘密の庫を開く 密教経典・理趣経』、集英社、一九八四年。
・頼富本宏、『金剛頂経入門』、大法輪閣、二〇〇五年。
・田中公明、『チベット密教』、春秋社、一九九三年。
・田中公明、『超密教 時輪タントラ』、東方出版、一九九四年。
・石濱裕美子訳、『ダライラマの密教入門』、光文社、一九九五年。
『國譯一切經 華嚴部 一二三』、大東出版社、一九二九年。
・江部鴨村訳、『口語全訳 華厳経(上下)』、国書刊行会、一九九六年復刻版。
・桜部建、『倶舎論』、大蔵出版、一九八一年。
・桜部建・上山春、『仏教の思想2存在の分析〈アビダルマ〉』、角川書店、一九六九年。
・ケン・ウィルバー編著、田中三彦・吉福伸逸訳、『量子の公案 現代物理学のリーダーたちの神秘観』、工作舎、一九八七年。
・山野井昇、『水素と電子の生命』、現代書林、二〇一一年。
・関口真大訳註、『天台小止観 坐禅の作法』、岩波書店、一九七四年。
・林久義、『慈雨の光彩 チベット仏教観世音菩薩秘密真言成就法』、ダルマワークス、二〇〇八年。
・タルタントゥルク林久義訳、『チベット医学の瞑想ヨーガクムニェ』、ダルマワークス、二〇一九年。
・立川武蔵、『マンダラ観想と密教思想』、春秋社、二〇一五年。
・山口瑞鳳、『インド仏教哲学史』、岩波書店、二〇一〇年。
・栂尾祥雲、『後期密教の研究上下』、臨川書店、一九八九年。

第四章　自由の菩薩と弥勒の世

1　グルジェフには愛がない　西洋神秘思想

私はチベット仏教に出会う前に、西洋神秘主義を学ぶ機会がありました。

大学生の時、小田実の名著「何でも見てやろう」に刺激され、自由を求めてインドを放浪した経験があります。三ヶ月かけてインド全土を見て回るつもりが、結局、ガンジス川の古都ベナレスという聖地にどっぷり浸かり、ヒンドゥー教のヨガ行者たちと生活する日々が二ヶ月ほど続きました。外の世界に自由な開放感を求めていった方向性が、自分の意識の内面に向かい、心を深く見つめる機会となりました。この聖地ベナレスでの心の解放という原体験は、日本に帰国後もその意識の深みを解明したく、哲学書や宗教書などを読みあさる日々が続きました。そこで出会った一冊の本が、「奇跡を求めて」というグルジェフの教えでした。

一九世紀後半から二十世紀前半にかけて、**グルジェフ**は失われた古代の叡智を探求し、エジプトや中央アジアに秘教の智慧を求めて放浪します。そして彼はイスラム教神秘主義**スーフィー**のサルムング寺院で学び、その教えを西洋に伝えた神秘主義者です。イスラム

グルジェフ（G.I.Gurdjieff）
１８７７〜１９４９　アルメニア出身。失われた古代の叡智秘教を求め東洋を遍歴する。欧米で神秘思想家として活動し、音楽や舞踏などの活動し、ザシステム、ワーク、エニアグラムなどを講義する。

スーフィー（sufi）
イスラム教神秘主義。隠遁生活で神秘修行から滅却解放、忘我の境地、神との合一を求める。聖者の元で次第に教団組織化する。旋回舞踏は代表的行法。

教神秘主義の中でもスーフィは、純粋な智慧の霊統が守られている宗派です。今もアフガニスタンやトルコに伝わっています。

グルジェフは、イスラム教神秘主義の教えを法則として教示します。絶対の次元から放たれる創造の光は、次の次元においてアクティブ（能動）、パッシブ（受動）、ニュートラル（中庸）の三の法則となります。この三の法則は、陰と陽の二極に分かれて六の法則になり、六の法則は更に、十二、二十四、四十八、九十六の法則へと次元展開していきます。この七つの次元は、絶対宇宙、全宇宙、全太陽、太陽、全惑星、地球、衛星（月）に対応し、オクターヴの七の法則に従って、七次元宇宙として顕現します。宇宙の法則に基づいて、私たちは法則に支配されていますが、その法則の支配から解放されることで、絶対一の法則に近付いていく教えが、イスラム教神秘哲学の根幹です。グルジェフは、人間は眠っている機械だと指摘し、自己想起し自覚することによって、宇宙的覚醒意識を目指す方向性を示します。

中世の時代に、イスラム教モスク寺院などで幾何学模様のデザイン建築が発達しましたが、全ての宇宙法則を数式で表現する美術や建築が元となっています。また宇宙の法則性の理解から天文学が発展したことも理解できます。数学で計算される無限の神秘の美は、絶対の法則を表現しています。イスラム教原理主義者はこの絶対一の法則をアッラーと神格化します。これがイスラム教の教えでは絶対の法則を擬人化せず、偶像崇拝をしない理由に繋がります。

トランスパーソナル心理学からチベット仏教へ

グルジェフの教えに出会った私は、書物の知識ではもの足りず、直接その教えを学びたいと思い、当時、グルジェフ書を翻訳されていた**吉福伸逸**氏に「グルジェフを教えてください」と頭を下げ、彼から直接教えを学ぶ機会を得ました。吉福氏には、インド帰りの跳んだ私を受け入れて頂き、彼の私的な実験グループ「グルジェフワーク研究会」に参加させていただきました。吉福氏の元で二年ほど西洋神秘学、ニューエイジサイエンス、トランスパーソナル心理学など、当時最先端の精神世界の教えを直接御指導頂きました。吉福氏のクールながらも要訣をついたアドバイスは、私の精神の道を奥深いものへと導いて頂きました。当時、C+Fコミュニケーションズという精神世界の出版活動グループの主宰者であった吉福氏の薄暗い仕事部屋が、禅寺老師の方丈のような厳しくも内心ユーモアーに包まれたトーンを、今も忘れられません。

吉福伸逸
1943〜2013
倉敷市出身。翻訳家、セラピスト。音楽活動後、米国西海岸でカウンターカルチャーを体験。帰国後、C+Fコミュニケーション創設。多数の精神世界本を翻訳編集出版し影響を与える。トランスパーソナル心理学を紹介しセラピストとして活躍。

ゲオルギー・イワノヴィッチ・グルジェフ

(1877?~1949) アルメニア生まれ

グルジェフは、サルムング教団の教えを核に、 ザシステムという理論とグルジェフ・ワークといわれる独自の霊的修行体系を作り上げた。

創造の光

絶対	法則 1	ド		
		(ショック)		
全宇宙	法則 3	シ		
全太陽	法則 6	ラ	高次知性センター	コーザル体
太陽	法則 12	ソ	高次感情センター	メンタル体
全惑星	法則 24	ファ	知性センター	アストラル体
		(ショック、インターヴァル:有機生命体)		
地球	法則 48	ミ	感情センター	肉体
月	法則 96	レ	本能センター	

創造の光「絶対」から宇宙の基本法則、三の法則が生じる
そして、七の法則、あるいはオクターヴの法則として展開する

<三の法則>と<七の法則>を統合したエニアグラム

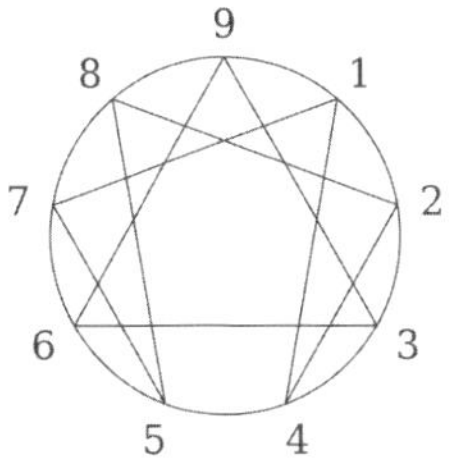

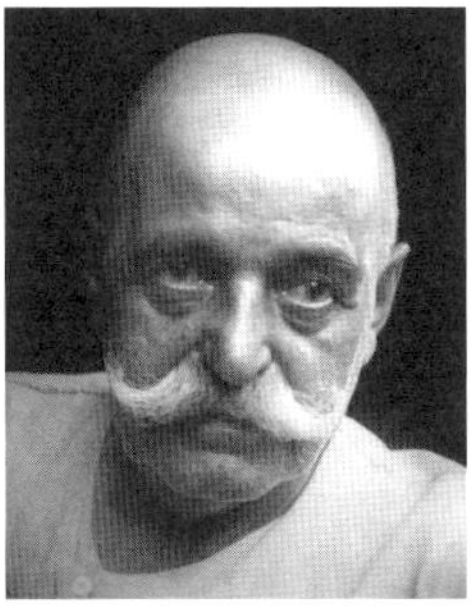
写真 Wikipedia より

主要著作
奇蹟を求めて(平河出版社)、P・D・ウスペンスキー
ベルゼブブの孫への話(平河出版社)
注目すべき人々との出会い(めるくまーる社)
生は<私が存在し>初めて真実となる(平河出版社)

グルジェフの深い思想哲学に引かれながらも、一方で西洋神秘哲学を学ぶほどに世界が解ったつもりになり、自分が冷たく嫌な人間になっていくことに気付きました。神秘哲学の視点から社会を達観しながら覚醒を目指しますが、世間の中では全く機能できない自己矛盾に直面していきます。そして「自分はなんて愛のない冷たく嫌な人間なんだ」と、自己嫌悪に落ち込んでいきました。

そして「もう西洋神秘主義は結構だ！」「グルジェフには愛がない！」と、最終結論に至りました。これが、西洋神秘哲学を学んで悟った、私の結論です。

私のこの結論に対し吉福氏はクールに無言でした。丁度その時期、彼はトランスパーソナル心理学の論客、**ケン・ウィルバー**の「意識のスペクラム」を翻訳されていた時期でした。吉福氏はその後、積極的に多くの翻訳書や著作を通し、ユング心理学者の**河合隼雄**氏と共に、日本でのトランスパーソナル心理学の確立に力を注いでいきます。現在も、トランスパーソナル心理学の思想は、**ティール組織**の理論として、組織構造の社会的あり方と方向性を示しています。当時、吉福氏からは事あるごとに実験的にトランスパーソナル心理学の理論とセラピーを直接指導して頂き、グルジェフの西洋神秘思想の暗闇から明るい道を示して頂きました。

更にタイミング良く深い仏縁を戴きます。一九八三年、C+Fコミュニケーションズ主催でタルタン・トゥルクの「TSK(時間、空間、知識)セミナー」にスタッフとして参加した

ケン・ウィルバー
1949〜
思想家哲学者。トランスパーソナル心理学論客。インテイグラル思想、ティール組織を提唱。

河合隼雄
1928〜1007
丹波篠山市出身。心理学者。日本にユング心理学と心理療法の普及に貢献。

ティール組織
フレディリック・ラルーが、ケン・ウィルバーの意識のスペクトラム、意識の進化論を元に、組織を五段階に分けた進化型組織モデル。

のです。一九八三年は中国共産政府が一般外国人旅行者を初めて受け入れた時です。タルタン・トゥルクは、米国籍でチベット内を訪れた初めての亡命チベット人でしょう。彼が帰国の途に日本に立ち寄る情報が吉福氏に打診され、タルタン・トゥルクの通訳としてTSKセミナーが実現したのでした。

タルタン・トゥルクは一九六九年、アメリカに亡命し、サンフランシスコにたどり着きます。当時のカリフォルニアは学生運動やヒッピームーブメントの真っ只中で、見慣れないチベット転生ラマの周りには、多くの科学者や心理哲学者、芸術家たちが集まります。当初、彼は伝統的な仏教の教えを説き始めますが、徐々に西洋哲学や科学の視点から彼の境地を語り始めます。

「究極のリアリティの本質とは、大いなる時間と大いなる空間のみがある。そして、時間と空間には、大いなる知識が織り込まれている」と**Time,Space & Knowledge**(時間、空間、知識)という伝統仏教の枠を超えた視点から、彼が体現している境地を語り始めます。タルタン・トゥルクが説く観想をベースにしたTSKの実習やチベットの瞑想ヨーガ、クムニェなどの身体技法は、トランスパーソナル心理学の学者たちに多大な影響を与え、ニューエイジサイエンスの師としても西洋に基盤を築いていきます。

私は、タルタン・トゥルクというチベット密教の転生ラマに出会い、仏教が説く慈悲や

Time,Space & Knowledge
1975年タルタン・トゥルクがリアリティの新たな視点を提示。仏教や宗教の枠組みを越え、現代科学の視点から、限られた時間空間を開かれた大いなる時間空間へ観想法など実践体験を通して大いなる知識の開示をもたらす哲学観。

慈愛を感じとることができました。翌年一九八四年、トランスパーソナル心理学の実践として、TSK(時間、空間、知識)を学ぶために渡米し、タルタン・トゥルクのオディヤン寺院の門を叩くことになります。

私をグルジェフからトランスパーソナル心理学へ、そしてカリフォルニアのチベット仏教、オディヤン寺院へと導いてくださった先達、故吉福伸逸氏に今も心から感謝していま す。またC+Fコミュニケーションズで関わった故**青山貢**氏や故**山田龍宝**氏、いちえんそうの**おおえまさのり**氏との交流も貴重でありがたい導きと感謝しております。昭和の七〇年代から八〇年代に花開いた「精神世界」という霊的開示のムーブメントの深い縁をいただき、私は仏教の「智慧と慈悲」の教えと実践の道を歩んでいます。

ゴイム思想と自由遺伝子

グルジェフには愛がないと悟った理由には、いくつかのエピソードがあります。例えば、グルジェフは智慧を求めて旅に出る為に資金が必要となった時、鳥に色を塗りカナリアと偽り高く売りつける詐欺で旅の資金を手に入れます。雨が降って色が溶け普通の小鳥と判

青山貢
1940〜1992
アートデザイナー。装丁家。吉福氏の全書籍装丁を行なう。

山田龍宝
〜1998
曹洞宗禅僧。鈴木俊隆老師に招かれSF禅センターで指導僧となる。その後自らSFに蓮花寺設立。

おおえまさのり
1942〜
作家、翻訳家、映像作家。いちえんそう主宰。チベットの死者の書、ミラレパ、ミラレパの十万歌訳者。日本のニューエイジのリーダー的存在。

り、買った人が騙されたことに気付いたという典型的な話です。それは「智慧ある者は智慧のない者から何を取り上げてもいい」「智慧のない者を騙しても、それを智慧に生かせばいい」という非情な教え、ある意味モラルの欠如、悪しき人間性とも言えます。

この一番極端な例が、**ジハード**です。イスラム教のジハードは、子どもに爆弾を持たせ「アッラー！」と唱えて自爆攻撃をさせます。日々の報道から私たちはその教えの怖さを感じます。神のためにと兵士や子どもが自爆するジハードは、心が痛いものです。これは日本でもありました。神風特攻の自爆攻撃です。日の丸を掲げて万歳と自爆する戦闘行為はまさにジハードです。太平洋戦争中の大日本帝国が一神教原理主義であると指摘する、その怖さがここにあります。

ジハードの自爆攻撃には、それを命令する人物がいます。命令する人は、ジハードの聖なる思想を説き、それを信じる者がジハードを実行します。この発想はまさにグルジェフの思想の根幹にある「智慧ある者は、智慧のないものを使っていい」という発想に繋がる、仏教から見れば全く間違った思想です。私はそこが根本的に受け入れることができず、慈悲を説く仏教に帰依をしました。

神秘主義の秘教の智慧を持つ者は、智慧のない者を使っていいという思想の本質が、分かれば分かるほど他者に冷たい人間になり、世間の人たちは何も知らない無知な者だ、限られた者だけが秘教の智慧を知っている、智慧を持つ者は智慧がない者の所有するモノを

ジハード (jahada)
神の為に内面努力することと、異教徒に対し自己犠牲をして戦うこと。イスラム世界拡大防衛の為の戦い。

搾取しても何の問題もない、更に言えば、智慧のない者は眠っているだけの機械なので、それを使ってやることが当然だと、冷徹で無慈悲な人格になっていきます。眠っている者、自分よりも霊的に低い者を、霊的な高い者が使っていいという、思想は間違っています。

この思想の源流は、ユダヤ教の教えの中の「**ゴイム思想**」に見ることができます。ゴイムとはケダモノ（獣）という意味です。ケダモノが富や資産を所有するとロクな事がない、間違った使い方をするので、秘教の智慧を持つ者が代わりに使ってやるという思想です。

紀元前九百年ごろ、**ユダヤ十二部族**は、南朝二部族、北朝十部族に分裂します。その後、紀元前六百年ごろ、南朝二部族は、バビロン帝国によってバビロニア地方に捕虜として連行されます（**バビロン捕囚**）。その後、バビロン帝国はアッシリアによって滅ぼされ、ユダヤ二部族は解放されますが、その間南朝ユダヤの中にバビロン思想のタルムードが入ったと言われます。このバビロンの思想こそが、ゴイム思想の源流です。自分たちは優れていて、自分たちの民族意外はケダモノだという独善的な選民思想です。

このゴイム思想は、本来のユダヤ教の教えにはなかったものですが、バビロン帝国に捕虜として捉えられた南朝二部族の思想の中に、ゴイム思想が混入したのです。その後、ユダヤ南朝二部族のユダヤ教の中に深く根を張ったゴイム思想は、西洋神秘思想の中に今も生き続けているのです。

ゴイム思想
非ユダヤ人諸民族、異教徒を指す差別的選民思想。

ユダヤ十二部族
ヤコブの１２人息子の子孫が１２部族となる。ルベン、シメオン、レビ、ユダ、イッサカル、ゼブルン、ダン、ナフタリ、ガド、アセル、ヨセフ、ベニヤミン。BC930頃、ユダ族ベニヤミン族レビ族の南朝と北朝十部族に分裂。

これは日本人の霊性の原点である「大和心」の感性からすると、完全に間違っています。大和心の話は、次にゆっくりと話したいと思います。

西洋神秘主義の考え方は、秘教の智慧の奪い合いと考えます。原理主義の支配者やカルト教祖は、神秘主義的な秘教の智慧を以て信者を支配します。神秘主義者は、インナーサークルの中で智慧を囲い込み、秘教の智慧を持つ者が無知な民衆を管理するという発想があります。西洋神秘主義者は、地球上に智慧は一定量しかないと考えているからです。それ故に、秘教の智慧を持つ者は一般の民衆には智慧を与えず、智慧を秘め、支配層として智慧を集約し、智慧のないものを統治するという発想になっていきました。ある秘教集団が智慧を囲い外に漏らさず民衆に智慧を持たせないことで、智慧がより濃くなり、社会をコントロールしやすくなります。支配者が智慧を保持し民衆を何かに耽らせ、無知にし、智慧を持つ秘境集団が社会をコントロールする愛のない無慈悲な世界になっていきます。

しかし、歴史上では、あるアクシデントやショックから智慧が漏れ、また歴史上、思想家や宗教家が活動することで、民衆の中に智慧が広がり、時代の政治や社会転換が起こることが、時にあります。西洋では、ルネサンスが一番いい例でしょう。美術や文化の新たな発想や思想から人々の智慧へと深まり、自己の心の開放にまで気付きが深まり、更に智慧を得ようという運動に広がります。この文化や思想の目覚めは民衆の中に智慧が徐々に

バビロン捕囚
BC597~538
新バビロニア王国がユダ王国を征服し11万人以上を捕虜としてバビロンに連行移住させた。

拡散し、次の時代への新しい展開の自由な思想、民権運動への大きなうねりへとなっていきます。中世**ルネサンス**から起こった個という存在への目覚めは、後に革命へと展開していきます。まさに個の目覚めから社会変革の目覚めへと智慧が拡散していったと捉えることができます。これをここでは「智慧の自由遺伝子」と呼びます。

残念ながら、日本の歴史ではルネサンスに匹敵する運動や革命は起こってはいません。明治維新の内実は民衆革命とは違いますので、むしろ戦国時代の下剋上が、既成概念に縛られることのない発想や行動という意味では、ルネサンスのような自由遺伝子の発動に近いのかもしれません。

何かのアクシデントから秘教の智慧が漏れ「もっと自由に生きていいじゃないか」「自由に発想してみよう」と、人々が智慧や自由、開放に目覚め始めます。常識と思われる思想や哲学、社会形態も、自由に考えてみたら違う発想ができるじゃないかと民主思想や革命思想に繋がる運動が起こってきます。このような時代転換の因を智慧の拡散凝縮との視点から世界の歴史を俯瞰すると、智慧の自由遺伝子の精神史と観ることも可能でしょう。

ルネサンス
14世紀イタリアから西欧に広まった、ギリシャローマ文化を復興する文化運動。再生復活の意。思想、文学、美術、音楽、建築、経済など、中世から近代への政治的社会的思想概念と展開した。

創造主ヤハウェ(YHWH)
旧約聖書の万物創造の唯一神。

2　古代ユダヤと景教　救世主ミロク

西洋宗教は、ユダヤ教、イスラム教、キリスト教という三大宗教です。ユダヤ教はアブラハム、イサク、ヤコブとユダヤ人の血統として、**創造主ヤハウエ**からの啓示が**旧約聖書**に編纂され伝承されている宗教です。ユダヤ教徒は、世の終わりに**メシア**と呼ばれる救世主が現れると信じ、今もその救世主を待ち望んでいます。

ユダヤ教の開祖アブラハムの血統は息子イサクへと繋がりますが、イサクには異母兄弟がいます。アブラハムと使用人の女性との間に生まれた子どもが、イシマエルです。そのイシマエルの子孫がイスラム教の血統に流れていきます。イスラム教も旧約聖書を信じ、救世主を待ち望んでいます。そして旧約聖書に基づく神の言葉を預かる預言者の出現が、**ムハンマド**です。ユダヤ教の旧約聖書を根本聖典とし、ムハンマドの神の預言書コーランを聖典とし、イスラム教が形勢されていきます。ユダヤ教とイスラム教は異母兄弟のような関係です。

二千年前、イスラエルのナザレ地方の大工の息子が、「私が、聖書に予言された救世主メシアです」と語りました。この人が、**イエス・キリスト**です。しかし、ユダヤ教の司祭、

旧約聖書（Testament）
ユダヤ教キリスト教の聖典。律法予言書諸書２４巻３９書。

メシア
終末的救済代行者。救世主。ギリシャ語でキリスト。

ムハンマド
５７０？～６３２
イスラム教開祖。預言者。神アッラーの啓示（コーラン）を受け教団国家建設し戦闘的布教を開始。

イエス・キリスト
１～３３ナザレ生
キリスト教開祖。福音を説き、１２人の使徒と活動するがユダに裏切られ十字架刑に処される。

ラビたちは、「お前は詐欺師だ、嘘つきだ」と彼の存在を否定し、ローマ帝国のエルサレム提督に進言し、イエスを磔（はりつけ）にしました。この救世主メシアの存在を巡っての賛否が、ユダヤ教とキリスト教の関係です。

キリスト教は愛を解く教えだと一般的には理解されていますが、むしろイエスはユダヤ教の祭司ラビ、律法学者パリサイ人に対して「あなたたちは、蛇だ、マムシだ、偽善者だ」と、徹底的に彼らの行ないを非難しています。それは、当時のユダヤ教の律法学者の教えには、バビロンのタルムードに基づくゴイム思想に影響されており、むしろ、イエスは純粋な本来の古代ユダヤの教えから堕落した祭司や律法学者を厳しく批判していたのです。

イエスは、三十歳にしてエルサレムに現れ、三年の間教えを説くのですが、それ以前の十七年間、彼がどこで何をしていたかが謎とされています。ある説では、シルクロードを通ってインドに渡ったという話があります。そこでブッダの教えを学んだというのです。イエスのインドでの名前はイッサ、「**聖イッサ伝**」にその行動が記されています。その真偽はともかく、当時はすでにギリシャやローマにまで仏教が広がっていた時代です。紀元前二世紀後半には、ギリシャ人のミリンダ王とインドのナーガセーナという出家僧との問答が経典「**ミリンダ王の問い**」に編纂されています。イエスの時代にはすでにシルクロード経由で中東やローマとインド仏教との交流がありました。ですので、イエスがシルクロー

聖イッサ伝

青年期のイエスがインドで仏教を学んだ事を記す書をラダックの寺院で発見したというニコラス・ノートヴィッチの書。独の仏教学者マックスミュラーは非難し否定。

ミリンダ王の問い

BC２世紀インドグリーク朝メナンドロス１世（ミリンダ王）とナーガセーナ仏教僧との哲学的論議の経典。王はその後出家し羅漢果を得る。ギリシャ思想や美術が仏教に影響を与えた事を証明する重要な経典。

ドを通って東に行った説に興味を持ちます。
もう一つの興味は、紀元前七百年頃古代ユダヤ十二部族の内、北朝十部族がアッシリア帝国に滅ぼされアッシリアに連れていかれますが(アッシリア捕囚)、後にアッシリア帝国もスキタイに滅ぼされ、その後北朝十部族がどこかへ行ったか分からなくなってしまいます。世界史上最大の謎、**失われたユダヤ十部族**です。
スキタイは騎馬民族として一つの国に定住せず、シルクロードやステップロード経由で新たな都を次々と作り、東へ東へと進んでいきます。東京大学史学科の歴史学博士、**江上波夫**氏の学説、「**騎馬民族征服王朝説**」によると、騎馬民族スキタイが日本にまで来ているという学説を唱えています。江上学説では、アッシリアに囚われていたユダヤ北朝十部族がスキタイによって、シルクロード経由で日本に連れてこられたと匂わせています。近年では失われた十部族の研究が更に深められ、遺伝子の解析を含め、世界各地でその痕跡が報告されています。
ローマ帝国ではその後キリスト教徒が国中に増え、イエスを十字架に架けたユダヤ人に対し非難の声が高まったことで、紀元七十年ローマ帝国はユダヤ人を迫害しエルサレムを陥落させました。その迫害によりユダヤ人は土地を追われ、流浪の民となり世界中に離散(ディアスポラ)します。

失われたユダヤ十部族
BC722北朝十部族がアッシリアに滅ぼされ捕囚されるが、その後アッシリアはスキタイに滅ぼされ、十部族の行方が知られなくなった。

江上波夫
1906〜2002 山口県生まれ。考古学者。騎馬民族征服王朝説を発表。

騎馬民族征服王朝説
大和朝廷創始が、4〜5世紀東北アジア夫余系騎馬民族辰王朝による国家起源を発表。雑誌「遊」で王族スキタイの存在を示唆している。

ユダヤ教ではイエスを救世主メシアとは認めませんが、ユダヤ人の中にもイエスを救世主と信じた人たちがいました。それが**ネストリウス派キリスト教徒（景教）**と言われるユダヤ人たちです。イエスの教えを信じるユダヤ人たちも土地を追われ世界中に広がります。その後彼らは特にシルクロードの各地で活動していました。シルクロード各駅での両替や情報を一手に担っていたのがユダヤ人だとも言われています。唐の長安には景教寺院があり、中国やシルクロードでの活発な活動が知られます。

飛鳥時代に、秦氏一族の**秦河勝**（はたのかわかつ）が、聖徳太子と共に京都地域鴨川開拓事業を行なったことは有名です。聖徳太子を助けた秦河勝は景教徒で、彼が建てたお寺が京都の太秦（うずまさ）の**太秦広隆寺**です。太秦とはローマという意味であることも興味深いことです。その秦氏が建てた太秦寺の仏像、**弥勒菩薩半跏像**が国宝第一号に指定されます。このお寺がキリスト教ネストリウス派の景教寺院という説から、その弥勒信仰は、イエスが救世主、マイトレーヤであるとの信仰の証と見ることができます。

八世紀、唐の長安で弘法大師空海が恵果阿闍梨から真言密教を学んでいる時、長安は景教の他に**ミトラ教**、**ゾロアスター教（拝火教）**、**マニ教**、など多民族多宗教に溢れ賑っていた活気のある国際霊的都市であったと伝えられています。古代アジア大陸は様々な宗教や思想が溢れ、多様で巨大な霊的ルツボが形成されていたのです。またミトラ教やマニ教などの大陸の思想が、古代アジアの霊統に影響を与えているとも考えられています。

ネストリウス派キリスト教徒（景教）
唐代635年に三夷教のキリスト教が伝わる。太秦寺建立。

秦河勝（七世紀頃）
3世紀頃日本に帰化した弓月君直系子孫秦氏族長。聖徳太子を支えた富裕商人。広隆寺建立景教徒。

太秦広隆寺
京都市太秦7世紀建立の秦氏氏寺。弥勒菩薩半跏像、本尊聖徳太子像を祀る。

弥勒菩薩半跏像
国宝彫刻部第一号、宝冠弥勒半跏思惟像。7世紀作。朝鮮半島渡来像説と国内制作説がある。

京都太秦寺広隆寺 木造弥勒菩薩半跏思惟像（宝冠弥勒）

Wikipedia より

ミトラ教
イランアーリア人起源ミトラ太陽神起源マイトレーヤ語源や弥勒信仰に影響か。

ゾロアスター教
BC 7世紀ペルシャの預言者ゾロアスターが開祖。善神悪神二元論から善神聖火を拝する拝火儀礼信仰。

マニ教
ゾロアスター教から派生しキリスト教と仏教の要素を加えた3世紀ペルシャ人預言者マニが開祖。光明暗黒二元論。

失われた古代ユダヤ十部族がシルクロード経由で日本に来た説は、非常に興味深いところです。なぜならこの失われた十部族のユダヤ思想には、バビロンのタルムードのゴイム思想の影響がない純粋な古代ユダヤの思想を感じるからです。

大和心と霊味の氣

大和心が、ここでのテーマです。江戸時代の国学者**本居宣長**が日本の精神性を、大和心こそが重要なキーワードだと説きました。本居宣長六十一歳の時、「敷島の歌」（しきしまのうた）を読んで、その精神性を表現しています。

「しき嶋の　やまとごころを人とはば　朝日ににほふ　山ざくら花」

日本人の心は、朝日に照り輝く、山桜の美しさ、麗しさを感じ取ることができる心、これが大和心だ

本居宣長
1730〜1801
伊勢松阪出身国学者
古事記研究から日本の心やまとだましい
精神文化研究。国学の祖。主著古事記伝

万葉集
奈良時代末期成立の日本最古の和歌集。大友家持が編纂。全20巻4500首以上が収まる。天皇から防人農民まで各階層の人々、大和から地方まで全国各地の歌が総結集された。万葉仮名で記される。

大和心は、古代から日本人が持つ本来の精神性、霊性を、古代の**万葉集**や和歌などに歌われています。大和魂と言うと日本帝国軍人の精神論的なイメージもありますが、大和心には深い霊性が秘められています。大和心を論理的に表現することは難しいとされ、本居宣長は敷島の歌でその精神の美しさを、山ざくらと表現したのです。

古代から日本は、多民族多宗教の国際的な地として、日本古来の神様の中にインドの神様、中国の神様、古代ユダヤの神様が、大八洲に集った土地です。このような多種多様な霊性を統合するスメラギとしての天皇の存在は、大きな統合の和、大和としての霊的象徴となりました。

大和心とは、あらゆる多様性を受け入れ、その中に調和を求める真心。それは言葉では表せず、倫理的にも表現できない、ハートとハート、霊性と霊性の融合、それは古代からの日本人の精神性、優しさ、思いやり、調和を本来の霊性として、様々な歌に詠まれてきました。この多様的精神の統合、調和と平和の霊性が、大和心なのです。

聖徳太子は、この倫理的に説明することが難しい大和心の精神性を、「神道と儒教と仏教」として説明されました。**十七条憲法**の中で、「篤く三宝を敬うべし」と言われる三宝は一般的な仏教の解釈では「仏法僧」と理解されますが、日本の霊性が「神道と儒教と仏教」という三つの宝に集約されていると、聖徳太子は解釈したのです。

神道とは、あらゆる民族部族が尊ぶ霊体、八百万の神様を敬う道であり、儒教とは多様

十七条憲法
604年聖徳太子によって作られ施行された日本初の憲法。「和を以て尊しと為す」「篤く三宝を敬え」「詔を承けては必ず慎め」など豪族官僚の心得を説く道徳的規範。君臣民の上下秩序を儒教、仏教、道教などの思想から説かれた。

性の民族同士が互いに敬う礼節であり、人としての規範を説いています。仏教はその霊性を論理的に解き明かす智慧と菩薩の道が示されます。大和心には、心の優しさ、調和という在り方、思いやりの気持ちや情感が込められ、清らかな心、**さやけき心**とも言う心の明瞭なあり方は、常に他者に対しての思いやりとして深められます。

儒教の言葉で言うならば、「**仁**」。他者を思いやる心、優しさ、根源的な愛と理解されます。また仏教では、「利他心」「菩提心」という精神性を意味します。この「利他心」「菩提心」は、聖徳太子が百済から輸入した三種の仏教経典の中でも、妙法蓮華経が重要な経典となります。妙法蓮華経が説く「菩薩的生き方のすすめ」は、その後日本的霊性の生き方にとって重要な核心となっていきます。この精神性は、他者に対する思いやりや優しさを深め、自然を愛で、その美しさ、自然の恵みに感謝する心、環境や宇宙との調和へ道として深めていきます。それが、大和心です。

スメラギとは、古代からの多種多様な霊性の統合的象徴を意味します。私たち民衆も同質の霊性を持ち備えていますので、誰もが霊的解放へと開いていくことで、聞こえない霊性の声を聞き、見えない霊性のビジョンを見ることができる同質の存在であります。天皇は日本の国家体制の象徴としての存在でありますが、私たち個々の存在も、霊的なスメラギの役割と等しく霊的に深化していく存在なのです。

さやけき心
明るい、はっきりしている、すがすがしい、澄んでいる状態

仁
儒教思想が説く、人を愛すること、愛情深い、親切であること。仁義礼智信。

そして大和心という霊性が、古代から守り保たれている日本の精神性を、本字「咊」の一文字に込められています。

二〇一九年四月一日、新元号が「令和」と発表されました。令和の文字は、万葉集にある漢文の序「初春令月　気淑風和」、初春(しょしゅん)の令月(れいげつ)にして気淑(きよ)く風(かぜ)和(やわら)ぎという文から採り、「人々が美しく心を寄せ合う中で、文化が生まれ育つ」という意味を込めているとのことでした。この「令和」の「令」の意味は、麗しい、美しいという万葉からの大和心を表しています。

本書では一貫して「令」を、日本的霊性の「霊」として捉えています。そして令和の「和」の字は、本字が「咊」として「霊咊」と語ってきました。本字「咊」の成り立ちは、禾は粟(あわ)の穂のまるくしなやかにたれたさまを描いています。口は角が立たない丸い穴を合わせるという意味が含まれ、「口＋禾」の会意形声文字と辞典には記されています。

国がまえの口の中に玉が入ると、国になります。この玉とは天皇のことであり、国の文字自体が玉を中心とした国家体制であると、先にお話ししました。この玉とは、日本では皇紀二六八〇年以上の間、途切れもなく続く血統と霊統のシンボルです。日本の霊統は、日本古来の霊性だけではなく、インドや中国からアジア全土の霊性が、また古代ユダヤの霊性も含めた霊統が日本に伝わり、これら多様性の霊統のシンボルとしての「玉」が存在している事は、非常に重要です。それは、単に権威のシンボルではなくて、霊的な天津神天孫族の霊統のシンボルとして現存していることが、日本が世界の中でも非常に特異な立場にあると言える理由です。それが霊体天皇としての「玉」です。

しかし、本書では、この「咊」を密教的記号論として理解します。咊は、「口偏に禾の旁（つくり）」と一般には理解されますが、この口はむしろ「国がまえ」と「禾の旁」が「咊」であると捉えます。国がまえは人の集まり、口の集合体とも理解できます。ノは野原の野、フィールド、空間です。木は、ウッドの木、森林の木です。木の本質には、気持ちの氣、プラーナの氣が含まれています。木や森林はまさにプラーナの象徴でもあり、地球環境の緑や空気の源、命の循環でもあります。氣は、水にも、木にも、人体にも、生命に、全ての生態系に遍満する宇宙のプラーナであり、その全てに氣が満ち溢れています。本書では、この氣を霊性の乗りものと理解しています。

つまり、「咊」の国がまえの口の中には広大な空間が広がり、そこには「霊氣」が満ち溢れていると捉えることができます。「咊」の国がまえの中には、古来からの霊的本質の氣が満ちている、それが霊的なヤマト「大きな咊」です。国という字の玉は、国家体制の権威のシンボル「玉」ですが、「咊」の霊的な意味から見れば、そこには万民の霊氣が満ちている、真ん中は空っぽであることが重要で、国がまえの中には何もない、仏教理論から見れば、それは空性の智慧と観ることができます。これが本書で一貫して語っている霊性の本質です。

国がまえの中に、万民の霊性の氣、霊氣と智慧が満ちている「㕿」が、ここでの見解です。

現代では、「気」と書きますが、本来の旧字は、「氣」です。戦前までは米が入る旧字の「氣」を使っていましたが、戦後アメリカからこの「氣」の使用は駄目とされ、この氣の真ん中は×、バッテンとなり、現在の気になったそうです。米は、日本人の主食であり、また四方八方に広がる曼荼羅を意味しますが、アメリカが米国という米の字を使っているとは皮肉なことです。

かごめの歌　十四の心を行ずる徳

子供の頃に歌って遊んだ童謡、かごめの歌をご存じかと思います。

かごめ、かごめ
かごのなかのとりは、いついつでやる
よあけのばんに、つるとかめがすべった
うしろのしょうめんだれ

かごめの歌は、日本の霊的な意味が秘められている不思議な歌です。この歌は様々な読み取り方があります。一説によるとこの歌は、**ヘブライ語**で読むことができるとも言われます。ここでは日本的霊性の密教的な視点から歌に隠された霊的な意味を説明します。

かごめのシンボルは六芒星です。ユダヤでは**ダビデの紋章**として知られ、今のイスラエルの国旗にも現されています。かごめの紋章は、三角形が二つ上下に合わさったデザインです。三角形はプラスマイナスゼロの三の法則を表し、上から下に角が向く三角形と、下

ヘブライ語（Hebrew）
セム語族に属する言語。旧約聖書の大部分が古代ヘブライ語で書かれている。現在イスラエル国公用語として現代ヘブライ語が使用される。

ダビデの紋章
ユダヤ教を象徴する正三角形を重ねた六芒星（ヘキサブラム）。現イスラエル国章。

から上に角が向く三角形が二つ、真ん中で合わさり、三の法則が陰陽対極となり六の法則となっています。

角が下に向く三角形は、天のエネルギー、天孫族天津神を表しています。一方で、角が上に向く山型三角形は、地のエネルギー、国津神国常立命を表しています。かごめという六芒星とは、まさに天津神と国津神が一つに交わっている紋章、つまり、天のエネルギーと地のエネルギーが合わさった調和のシンボルなのです。

日本での良い例は、内宮と下宮の二社が対となっている**伊勢神宮**です。内宮には天津神系の天照大神が祀られ、下宮には国津神系の豊受大神の霊体が祀られています。伊勢神宮では天津神と国津神一体の霊的象徴として、国家の重要な祭司が執り行われています。

かごめの歌にある「とり」は籠の鳥とイメージしますが、「とり」とは、数霊の十、とおの理、完成された真理と捉えることができます。数霊は、ひ、ふ、み、よ、い、む、な、や、こ、と、の十の数で成り立っています。つまり、六芒星の天のエネルギーと地のエネルギーが完全に一つになった完成形が、十の真理、とおり、なのです。

この完成された真理、十の理が、いつ現れるのか。それが、夜明けの晩と言うのです。日が明ける夜明けと日が沈む晩の時間帯は霊的な世界への入り口、霊界につながる最も重要な時間と言われます。映画「**君の名は。**」でも、「誰そ彼」「黄昏時」「彼は誰時」が霊的

伊勢神宮
三重県伊勢市にある神社。天照大神を祀る皇大神宮（内宮）と豊受大御神を祀る豊受大神宮（外宮）125の社宮がある。20年毎に式年遷宮が行なわれる。

君の名は。
2016年、新海誠監督脚本のアニメ映画。

世界の時空がつながる時間帯であると、話の重要な鍵となっていました。つまり、天のエネルギーと地のエネルギー、天の意識体と地の意識体がつながる時、霊的な空間にチャネルが合う時が、夜明けの晩なのです。これはチベット密教でも重視されており、祈祷をする一番有効な時間帯と言われます。この時空のエネルギー転換は、黄昏時の他に、春夏秋冬の夏至、冬至、春分、秋分、また陰暦の新月、陰暦十日、満月、陰暦二十五日なども、これら霊界とのベストな交流の時とされています。十の理が顕現するエネルギー転換のタイミングです。

そして問題は、「つるとかめがすべった」です。鶴と亀は、日本の霊的シンボルとしての秘められたアイコンです。四国に**剣山**という霊山がありますが、その由来は鶴と亀の山、鶴亀山と読み取れます。鶴は、天のエネルギーのシンボル、数霊八で表します。亀は地のエネルギー、数霊六で表します。八角形が鶴、六角形が亀です。天のエネルギーが八、地のエネルギーは六、鶴と亀が合わさって、総て「すべって」十四になります。この天と地を合わせて十四の数には、更に重要な意味が秘められています。

それが、「徳」という字に答えがあります。**徳**は、「行人偏に十四の心」と書きます。これがまさに徳の本質です。人の道とは、天の修行八と地の修行六を合わせた十四の心の行

剣山
四国山地東部徳島県に位置する1955mの山。石鎚山と共に修験道の霊山。

徳
宗教哲学、道徳的倫理的な理想実現の能力。人の道にかなった真っ直ぐな心、正しい行為。五徳、仁義礼智信。神仏の加護。

かごめの図
六芒星　ダビデの紋章

天のエネルギー
数霊八　　鶴
天孫族　天津神

地のエネルギー
数霊六　　亀
国津神　豊受大神（国常立命）

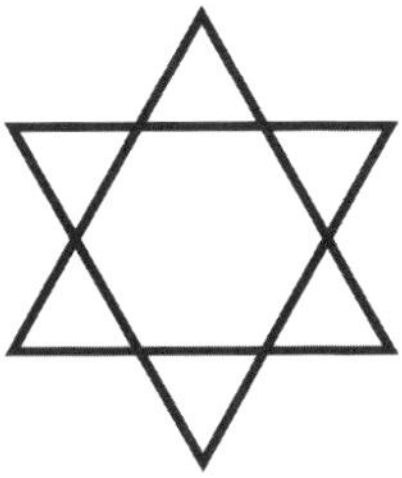

2極の融合のシンボルかごめ六芒星

天と地の融合
数霊八と数霊六の融合
鶴と亀の融合
天孫族天津神と国津神豊受大神の融合

かごめの歌　ヘブライ語訳

かごめかごめ「カゴ・メー カゴ・メー」(誰が守る)
かごの中の鳥は「カグ・ノェ・ナカノ・トリー」(堅固に安置されている物を取り出せ)
いついつでやる「イツィ・イツィ・ディ・ユゥー」(契約の箱に納められた神器を取り出せ)
夜明けの晩に「ヤー・アカ・バユティー」(代わりにお守りの形をした神譜を作った)
鶴と亀がすべった「ツル・カメ・スーベシダ」(未開の地に水を沢山引いて)
後ろの正面だーれ「ウシラツ・ショーメン・ダラー」(水を貯め、その地を統治せよ)

を行うこと、十四の修行の本質が、徳を行なうことなのです。この徳こそが、大和心の最も重要な精神です。天の行だけでは不充分で、地の行だけでも不充分で、天と地の融合の行、鶴と亀の融合の行、「徳」が人として生きる天地人の行なのです。これは、天河弁財天社の**柿坂神酒之助**宮司が常々おっしゃられていたことです。

そして最後に、後ろの正面誰と問うています。

存在を開く鍵は、自分の中にしかありません。

かごめのシンボル六芒星には、十という完成の真理が秘められている。
それは夜明けの晩に開かれる霊的な世界とつながる時、
鶴と亀、八と六、天と地のエネルギーが一つの行として行じられることで、
エネルギー転換が起こる。
それが、徳という日本的霊性を開く修行、
あなた自身に内在している本質だ。

この「徳」という深い意味が、日本人の霊性の本質だと、直感的に理解できます。徳という霊的な意味には、深い大和心の本質が秘められているのです。

柿坂神酒之助
1937〜
奈良県天川村出身。大峰本宮天河大辨財天社第65代宮司。多くの音楽家、芸術家に影響を与えている。大峰修験者。

徳治政治
徳のある統治者が自ら道徳の範を示し、人民を治める政治を行う政治理念。

徳を含むキーワードに、「**徳治政治**」という言葉があります。政治は本来、徳を以て行なうことが本来の政治です。それは天の祀（まつりごと）をする人々は、地の民衆の心をおもんばかって、人心を良く理解し、徳の精神を以て天下の祀ごとを行なうのです。今の日本の政治は、お金を配ったとか賄賂や金権政治、また公金の横流しなど、これらは徳治政治とは全く正反対の権力者のエゴの象徴行為です。本来の政治とは、霊的な祀り事を世に現すことで、古代日本の精神である大和心を示すことが、日本的霊性を顕現した政治と言えます。

有名な逸話は、**仁徳天皇**の「竈（かまど）の政治」です。仁徳天皇が人民の暮らしを気に掛けて丘に登ってみたら、竈から全く煙が立っていないことに気が付きました。天皇は人々が十分に食べる事ができず飢え苦しんでいるのではないかと鑑み、税の免除を命じました。数年ほどして丘に登ってみると竈から煙が出ていました。やっと人々が豊かで幸せに生活をしていると光景を見て、国家の安泰を感じたという逸話が、竈の政治です。政治を為すもの、為政者が徳を以て人心の生活を見守ること、この逸話は、徳治政治の本質をよく表現しています。

かごめの歌が徳というキーワードによって、日本的霊性の本質として為政者と民衆との関係を表しているとも理解できます。

仁徳天皇
4世紀末から5世紀前半第16代天皇。難波高津宮に遷都。人家の竈を見て3年間租税を免除した仁政の治世。その後、大規模な灌漑工事を行い田地開発を行なった。

古代アジアのインドにおいても、徳治政治が行なわれた黄金時代がありました。八世紀から十二世紀後半に、インド北中部ガンジス川中流域現在のビハール州から下流のベンガル州辺りに栄えた**パーラ王朝**時代は、インド後期密教が最も栄えた時代であり、まさに徳治政治の時代であったと言われます。各地方の藩王が集まり合議を重ね、一番徳のある王様が王朝を束ねたのがパーラ王朝です。パーラ王は、人民の拠り所となる仏教寺院を保護をしてその徳を示し、神仏の加持によって人民が安らぐ時代を守りました。まさに徳治政治の手本です。当時のビハールからベンガル地域には広大な緑豊な穀倉地帯から頭をもたげるように金色のお寺や仏舎利塔、ビハーラ（僧伽）がそびえる光景が、ビハール州の語源です。インドでもう一箇所、徳治政治で栄えた地域が北西インドの仏教国**ウッディヤーナ**王国です。国王から道端の物売りまで、十万人の国民が悟りに達していたと伝えられています。残念ながら、十三世紀初頭、イスラムに侵略され、ビハール州は現在ではインドで一番貧しい州となり、またウッディヤーナは、現在イスラム教原理主義タリバンに支配されています。

徳治主義の在り方は、超個のレベルに符合します。民衆の上に立つ為政者は、単に権力で民衆を支配するのではなく、自我を超えた意識を以て範を示し、民衆や社会の意識を引き上げていくことが徳治主義の在り方です。国家体制の統治者が徳のある人格者であれば、民衆人々の意識の中にも同じ徳や霊性が広がっていく世界が、徳治政治の根幹です。

パーラ王朝
8世紀後半から12世紀後半、北東インドを支配した仏教王朝。ダルマパーラ王はヴィクラマシーラ寺院を建立しナーランダ僧院を保護。パーラ式仏教美術。

ウッディヤーナ(uddiyana,oddiyana)
古代インド北西部、現パキスタンスワット渓谷に現存した仏教王国。インドラブーディ王が統治。パドマサムバヴァ、無着世親の出身地。玄奘が巡礼した。パシュトゥン人と言われる。

3　五濁悪世の末法の世

仏教には、正法、像法、末法という三つの時代区分があります。正法の時代とは、二千五百年前にゴータマ・シッタルダが菩提樹の下で悟りを得て、釈迦族の聖者（ムニ）、**釈迦牟尼**として成道し、その教えがインド全土に広がった時代です。この時代は、ブッダの教えを聞いて誰もが理解できた時代です。**舎利弗**（シャーリプトラ）と**大目蓮**（マハーモッガラーナ）が釈迦教団に入信するきっかけになった有名な話があります。大目蓮が道端に佇む仏弟子に出会い、お釈迦様の教えを聞きます。


「諸法従縁生、如来説是因、是法従縁滅、是大沙門説」

全ての存在は縁によって生じる。この因を如来は説かれた。

全ての存在は縁によって滅する。これは大いなる自由思想家の説である。

Om ye dharma hetu prabhava hetum tesam tathagato
hyavadat tesam ca yo nirodha evamvadi mahasramanah soha

舎利弗 (Sariputra)　釈尊十大弟子智慧第一。バラモン出身。サンジャヤ師に師事。後に大目蓮と共に釈尊に帰依。

大目蓮 (Maudgalyayana)　釈尊十大弟子神通第一。舎利弗の親友。サンジャヤ師に師事。阿説示（アッサジ）から縁起法頌を聴き、釈尊に帰依。

大目連は深淵な教え、縁起法頌を悟り、舎利弗と共に釈迦教団に向かいます。正法の時代は人々がブッダの教えを直接理解できる資質があった時代です。自身の霊性に目覚め、瞬間に覚醒がダイレクトに発動する正法の時代、それが五百年間続きます。

正法の時代が五百年続き、次の千年は像法の時代です。像法の時代は、ヘレニズム、ギリシャ文明の影響を受け**ガンダーラ美術**として発展した仏像が、アジア全土の仏教圏各地に作られた時代です。この像法の時代は、仏像自体が人々を救う霊力を持っており、人々が仏像の慈悲と加持力を受けて救われる時代です。タリバンに壊されたバーミヤンの石仏や、シルクロード各地の石仏は像法の時代に作られたものです。日本では法隆寺や東大寺の大仏など、鎮護国家の重要な役割を果たします。仏像が人々を救う力を持っていた像法の時代は、千年続きます。

日本では平安時代の一〇五二年が末法元年とされ、人々に恐れられました。この時代からは仏像に法力はなく、ただの石や木の塊です。残念ながら現代の私たちは「すべての存在は、縁によって生じ、縁によって滅する」と聞いても即座に理解できない時代です。これが末法の時代です。時代区分には、正法が五百年、像法は千年、末法は千年説と一万年説がありますが、今の世界情勢や世情を見ると、千年説が当てはまるのかもと思います。残念ながら、現代は末法が極まった暗黒の時代、**カリユガ**です。

ガンダーラ美術
現パキスタン北西部ペシャワールタクシラスワットの渓谷で古代より栄えた仏教王国に、BC50-AD75ギリシャ文明芸術様式の影響を受け仏像が生まれた。1C~5Cクシャーン朝に隆盛2Cカニシカ王時代最盛を極めアジア全域に影響を与える。

カリユガ
霊的な堕落をした対立争いの暗黒時代。

五濁悪世
末法の世の五種の濁った時代の穢れ。

劫濁 (kalpa-kasaya)
戦争や飢餓、疾病が蔓延する時代の濁り

それには五つの濁った悪い世の中の特徴があり、これを**五濁悪世**と言います。

一番目は、時代の濁り、**劫濁**（ごうじょく）です。戦争や飢餓、病気が蔓延する時代の濁り、まさに国家間戦争、民族戦争、サイバー戦争、様々なウイルスなど疾病の流行、貧困差など、現代社会の様々な現象にこの劫濁が現れており、今の世界が濁った時代、劫濁そのままの現象であると理解できます。

二番目は、思想の乱れ、**見濁**（けんじょく）です。正しい思想や哲学が理解できない思想の乱れは深刻です。これは、自我が持つ自分勝手な考えによって社会が乱れ、戦争や飢餓や病気を蔓延させる根本原因となります。これを悪見（あっけん）と言います。間違った見方、悪見は正見（しょうけん）によって正されるという教えが、**四諦八正道**です。

三番目は、**煩悩濁**（ぼんのうじょく）です。自分の欲や怒りをコントロールできない、煩悩がはびこる時代です。根本的な煩悩である三毒、欲、怒り、無知から派生した六種根本煩悩が百八種の煩悩として派生し、衆生の中に蔓延していく時代が、煩悩濁です。

四番目が、衆生の資質が低下する**衆生濁**（しゅじょうじょく）です。思想が乱れ衆生の中に煩悩がはびこることで、悟りの道を求めようとする資質（求道心）が低下するといいます。衆生濁とは、まさに物質文明が極まり、真に生きる目的を失った今の現代人を見ると分かりやすいでしょう。私たちが日常生活を生きる上で、各個人が正しい思想や人生哲学を持たず、自分の足元や土台が定まることなく目の前の現象に流されていく、これが一

見濁 (drsti-kasaya)
邪悪な思想が蔓延り思想が乱れる濁り。

煩悩濁 (klesa-kasaya)
貪り、怒り無知の悪徳が蔓延る濁り。

衆生濁 (sattva-kasaya)
身体弱く心鈍く果報衰え苦が多い濁り。

命濁 (ayus-kasaya)
寿命が次第に短くなる短命の濁り。

四諦八正道
正見（正しい見方）正思（正しい考え方）正語（正しい言葉使い）正業（正しい行動）正命（正しい生き方）正精進（正しい努力）正念（正しい祈り）正定（正しい精神統一）

番の問題です。正見を保ち腹が定まれば、何が起ころうと自分の生きる道を真っ直ぐに歩いていくことができます。

五番目は、**命濁**（みょうじょく）です。衆生の寿命が短くなると指摘されていることが重要なポイントです。最後には人間の寿命は十歳になると記されています。また、現代人は、どう死んでいいのか死に方が解らない。生きる目的もなく、命を生き抜く本質も知らず、どう生きるべきかも解らない、また形骸化した葬式も含め、現代の死の事情は悩み多き時代です。薬漬けで生命維持装置に繋がれ、意識もなく死ぬ元気もなく死を迎えることが、一番気の毒な死に方です。

寿命の「寿」の字の意味は、自分自身の内なる幸せや喜びを表しています。望ましい死に方は、元気よく死んでいくことです。これが「**チベットの死者の書**（バルド・トドル）」を学ぶ上での一番重要な目的です。死を学ぶことで、生きることを学ぶのです。身体が朽ちても純粋意識を保って次の生を自分で選び取っていくこと、これが元気よく死ぬということです。今生の生老病は練習で、死ぬ時に本番を迎えます。

このように二十一世紀の現代では、末法の五濁悪世の現象が至る所で見られます。この大きな時代転換に、私たちは新たな時代へと昇華し、意識の進化をしなければなりません。末法の暗黒時代におけるこの時代転換期に、再び弥勒仏が出現し、新たな正法の世、ミロクの世になると伝えられています。

チベットの死者の書
パドマサムバヴァの埋蔵教典（テルマ）「サプチュ・シトー・ゴンパ・ランドル（寂静憤怒百尊の瞑想で自ずからの解脱）」を１４世紀カルマリンパが発掘した経典群の一部「バルド・トゥドル・チェンモ（中有に聴く事での解脱）」の教典。

みのおわりからミロクの世

大乗仏教が広がったアジア全土には、**弥勒信仰**が伝えられています。弥勒信仰には、弥勒菩薩を崇拝し**兜率天**に転生し、弥勒仏の弟子となって成仏を望む上生信仰と、弥勒仏がこの世に降り立ち衆生の救済を祈る下生信仰があります。弥勒信仰は、ミトラ教の影響ともユダヤ教、キリスト教のマイトレーヤ（救世主）信仰の影響を受けたとも言われていま す。末法の現象が現れるほどに、弥勒信仰は民衆に広がっていき、日本に於いても弥勒信仰は、世が乱れる時代ほど、新たな未来を求める祈りの声となって広がりました。

十九世紀末に大本の開祖、出口なおが受けた霊示「**大本神諭**」の冒頭に、ミロクの世に向けた時代転換から語られています。

三千世界、一度に開く梅の花、艮の金神の世になりたぞよ
梅で開いて、松で治める、神国の世になりたぞよ
神が表に現れて、三千世界の天之岩戸開きを致すぞよ

弥勒信仰
兜率天の未来仏が、今世に衆生救済の為出現し（下生）、弥勒浄土への転生（上生）を願う信仰。

兜率天（Tusita）
三界天界欲界六欲天の第四天。満足するの意。現在弥勒菩薩が龍華三会の説法をしている。

大本神諭
大本開祖出口なおに降りた霊示お筆先。艮の金神の弥勒の世三千世界の世の立て直し、体主霊従の世から霊主体従の世への価値転換を説く。

用意をなされよ。この世は全然、新つに致して了ふぞよ
三千世界の大洗濯、大掃除を致して、天下泰平に世を治めて、
万古末代つづく神国の世に致すぞよ

この霊示には、ミロクの世が現れる前に世界の大変動が起きると、末法の世からミロクの世へのビジョンが示されています。また大本には、次の霊示が示されます。

東京で仕組を駿河美濃尾張大和玉芝国々に、神の柱を配り岡山　大本神諭
東京の経綸（しくみ）はミノオワリ、尾張の経綸は世の終わり　伊都能売神諭

これは、古代から日本は世界のひな型であり、世界は日本のひな型であるという霊的世界観がベースにあります。この視点で日本を見ると、北海道がアメリカ大陸、本州がユーラシア大陸、四国がオーストラリア、アフリカが九州に相似を成し、日本の形が世界の形になっていることに気付きます。日本のカルマは、イザナギ、イザナミが乳海攪拌神話で混沌の海をかき混ぜて、ポトポトと雫になった淡路島（オノコロ島）から始まり、四国、九州、本州などの大八洲と日本の形が作られ、六十餘州の国々と成り立ちます。つまり世界中のカルマが日本に集まるという**ひな型論**は、日本の重要な霊的立ち位置を示している

ひな型論
日本列島の形状や地形が世界各地の大陸や半島と相似形を成している外八洲史観と、日本で起こる事は世界でも起こるという内八洲史観がある。

とも言えます。

世界のカルマには、良いカルマも悪いカルマもありますが、あらゆる世界中のカルマが集積し、日本にドン詰まってくると言われています。二十一世紀の現代を構成する資本主義、共産主義、世界情勢、政治システム、経済金融システム、医療システム、貧困社会問題、食料事情、環境問題など、あらゆる全てのカルマを形作る様々なシステム崩壊が起こり始めています。世界のカルマは、日本のカルマとして凝縮されているのです。

日本を形成する超古代からの様々な善悪全てのカルマが歴史の中で煮詰まり、これらのカルマ、日本の因縁が最後の最後に、全てが美濃尾張に集約されてくると霊示に示されているのです。

また、大本の霊的役割を受け継いだ**岡本天明**の霊示の書、**日月神示**には、「穢土（エド）の仕組みは美濃尾張」とあります。

エドの仕組すみたらオワリの仕組にかからすぞ
その前に仕組む所あるなれど、今では成就せんから、その時は言葉で知らすぞ
宝持ちくさりにして呉れるなよ、猫に小判になりて呉れるなよ
天地一度に変ると申してあること近づいたぞ、世は持ちきりにはさせんぞよ、

岡本天明
1897〜1963
倉敷市出身。大本に関わる。1944年天日津久神社で霊示「日月神示」を受ける。戦後岐阜に移住。その後三重県御在所に至恩郷設立。

日月神示
岡本天明が受けた霊示の書全39巻あるも不明。原文の漢数字記号などを解読し文献化された。「二二八八れ十二ほん八れ（富士は晴れたり日本晴れ）」から始まる。今の世から次の世に起こる天災人災など文明大転換が記されている。

息吹（いぶ）き払ひて議論（ろん）なくするぞ、ことなくするぞ、物言はれん時来るぞ、臣民見当とれんことと申してあらうが、上の人つらくなるぞ、頑張りて呉れよ　地つ巻 第三十三帖（一七〇）

つまり、大本や岡本天明が受けた霊示には、世界のカルマが日本に煮詰まり、日本のカルマの凝縮である現代の「江戸（東京）の仕組み」が終わると、次には美濃尾張にドン詰まると霊示に示されているのです。この「美濃尾張」の霊的因縁が梅の花のように開くと「ミロクの世」が現れることを予言しています。一方で、世界のカルマのドン詰まりである美濃尾張が開かないと、「身の終わり」という言霊で厳しく警告しているのです。

確かに、美濃尾張は古代から東西南北の世界のひな型として、幾度かの時代転換の戦いが起こってきました。古代では、近江北朝天智天皇と南朝天武天皇が戦った**壬申の乱**です。壬申の乱は、美濃の豪族村国氏が大海人側に付き、東西の要、関ヶ原の不破関を守って近江朝に勝った歴史があります。後鳥羽上皇と鎌倉幕府が戦った**承久の乱**もそうです。武家政治に反旗を翻した後鳥羽上皇の勝敗の分かれ目の決戦の場所が、やはり美濃尾張を挟んだ木曽川辺りや墨俣です。そして一番有名な場所は、言わずと知れた天下分け目の**関ヶ原の合戦**です。このように大きな時代が動く土地、末法の世からミロクの世への転換点が、必ず美濃尾張に凝縮すると、これらの霊示に示されているのです。

壬申の乱
672年、兄天智天皇の子弘文天皇と弟大海人皇子（天武天皇）が皇位継承を廻り争った古代最大の内乱。以後天皇制律令国家が成立した。

承久の乱
1221年、後鳥羽上皇が鎌倉幕府執権北条義時討伐に戦った乱。以後武家政権が六百年続いた。

関ヶ原の合戦
1600年、豊臣秀吉死後豊臣政権内部の政争。徳川家康側の東軍と反徳川の西軍が関ヶ原で決戦した。以後江戸幕府が268年続いた。

これが**東南海トラフ大地震**を予言するものかは解りません。いずれも時代の転換を警告しているメッセージだと受け取るべきだと思います。世界のカルマ、日本のカルマが凝縮した終着地の美濃尾張が、身の終わりとなるのか、ミロクの世への発信地となるのかは、私たちの霊的進化に関わっていると示されています。

美濃尾張の鬼門　北の閻魔堂

私は五十年ほど前、中学生の夏休みの研究「**長森城**の研究」をきっかけに、美濃各地の旧所遺跡等を調べてきました。中でも驚いたことは六五〇年前に建てられた北の閻魔堂という鬼門封じの地が荒れ果て、今では石しか残っておらず地図にも示されていない場所に成り果てていることでした。因縁が複雑にもつれた土地でした。私の地と血の因縁にも関わるこの閻魔堂の跡地で、私は今もお経を唱え、お祈りを続けています。

今から六五〇年ほど前の南北朝時代、後の美濃守護職初代**土岐頼貞**は後醍醐天皇の詔を受け、足利尊氏や新田義貞と組み鎌倉幕府を滅ぼしました。頼貞は、後醍醐天皇の建武の

東南海トラフ大地震
駿河湾から九州東方沖まで続く海溝で発生する海溝型地震。

長森城
土岐頼遠が東濃から美濃に拠点を移す為に築いた居城。中仙道沿いの神社や寺を含めた砦様式と推測

土岐頼貞
1271～1339
鎌倉幕府有力御家人。1324年、正中の変に関与し、1333年後醍醐天皇の詔を受け足利軍と共に挙兵。建武新政で美濃守護。その後、建武新政府に対し尊氏に従い挙兵。幕府諸家の頭になる

新政の立役者の一人です。その後、足利尊氏が後醍醐天皇と袂を分ち北朝を建て、その後六十年ほど南北朝時代が始まり、土岐氏は北朝室町幕府側に立ちます。

二代**土岐頼遠**は、バサラ武将と呼ばれた奇妙な人で、北朝の光厳上皇が巡行されるとき泥酔し、「犬が通る？　犬ならば射てやる」と弓を弾き不敬罪で捕まり首をはねられてしまいます。酔って北朝の上皇に弓を引いたということは、腹の中は南朝だったということでしょうか。北朝にとって美濃の土岐氏の立場は重要で、足利幕府は土岐を追いやることができず、美濃守護職三代に**土岐頼康**という頼遠の末の甥を立てました。その後、頼康は北朝室町幕府の尊氏、義詮、義満に忠誠を示し、実質的な幕府の長老へと昇りつめます。その忠誠心から、美濃守護職から尾張と伊勢を三国を与えられ東西南北の重要な拠点を支配します。ですので、今の岐阜は海なし県と言われますが、当時三十年ほど領地には伊勢湾に面した海があったのです。そしてその領地には伊勢神宮、熱田神宮、甚目寺観音など重要な霊地を抱えていました。

頼康が美濃、尾張、伊勢の三国を統治し、政治の中心として**川手城**を作り、その霊的基盤として正法寺を建立します。その開山に紀州和歌山**興国寺**の禅僧、**嫩桂正栄**（どんけいしょうえい）を招きます。当時の興国寺は臨済宗法燈派と知られ、南北朝時は南朝側に付いていました。つまり頼康は嫩桂正栄やその周辺の南朝方らと密かに南北和解を模索し

土岐頼遠
？～１３４２　美濃２代守護。父頼貞と共に各地転戦した婆娑羅武将。泥酔し光厳天皇に弓を引き厳罰斬首される。

土岐頼康
１３１８～１３８８　叔父頼遠死後、惣領継承。足利将軍への功績で美濃尾張伊勢三国守護となる。室町幕府侍所頭人。宿老として幕政に参与

川手城（革手城）
土岐頼康が長森城から拠点を移した神社寺院を含む政治的居城。以後土岐氏は公家や禅僧を招き文化の拠点となる。

閻魔像と北の焔魔堂　（９０年初頭、著者御堂写す）
昭和４８年、それまで焔魔堂で守られてきた閻魔像を、所有者が岐阜市に寄贈。岐阜城二の丸に焔魔堂を建て祀られている。その後、像のない焔魔堂のみがあったが、９０年末に崩壊。土地が他者に移り、今は近くに礎石のみが残る。

南の焔魔堂と閻魔堂図　（国宝犬山城白帝文庫関ヶ原の戦いの絵から）
1542 年、斉藤秀龍(道三)によって土岐氏は滅亡革手城は廃除城となり、その後加藤氏によって南の焔魔堂で祀られた。関ヶ原の戦いで岐阜城主織田秀信(孫三法師)は西軍に付き南の焔魔堂まで軍を進めた為東軍と木曽川境の橋で乱闘し交戦。数日で岐阜城落城。東軍は大垣に動きそのまま関ヶ原の戦いになる合戦発祥の地。

興国寺
和歌山県由良町臨済宗現妙心寺派寺院。宋から帰朝した心地覚心（法燈国師）が開山（創建は西方寺）。一遍上人の禅の師。後醍醐天皇より寺号興国寺を賜る。普化尺八本山。

嫩桂正栄
1265〜1353
臨済宗法燈派禅僧。心地覚心の法継、建仁寺蔵典、興国寺住持。土岐頼康に招かれ川手城北の霊薬山正法寺開山となる。

ていたのではないかと推測します。頼康は南北和解の動きを探りながら美濃、尾張、伊勢の三国を支配し、その中心の地が当時の美濃の川手城だったのです。

ここで興味深い霊的現象が起こります。三国を統治する頼康は、ある夜、夢の中に**閻魔**様が現れ、「我を艮金に祀るべし」とお告げを受けます。頼康は驚いて自ら四十センチほどの閻魔像を彫り、川手城の艮の鬼門に閻魔堂を建てその地を祀ります。これはまさに、美濃、尾張、伊勢の三国の土地の因縁から現れた艮金の金神です。艮金の金神、荒神、荒御魂が、閻魔様という権現として、頼康の夢に現れたのです。私はこの頼康にかかった霊体が、後醍醐天皇の憤怒相の霊体だと感じています。

私はこのみのおわりの霊的発動を求めて、各地の霊場を調査をしたり様々な祈りを試みましたが、どうやらこの仕組みを解く鍵が美濃尾張の鬼門に位置する御嶽山にあると感じ取りました。そして、一九九七年から御嶽山の飛騨側山裾一合目に位置する寒村に移住し、師の法脈を守り伝えるためのチベット仏教のお寺と仏舎利塔を自作し、ここ飛騨の地で祈りを捧げています。

美濃尾張の鬼門である北の閻魔堂の因縁話はまたの機会に、他の美濃尾張の霊地を交えながらゆっくりと詳しくお話ししたいと思います。

閻魔（Yama-raja）閻魔大王。死後の冥土で因果応報の勧善懲悪の裁きを行なう判官。閻魔十王がいる。日本仏教では地蔵菩薩の化身。チベット密教では憤怒尊ヤーマンタカは文殊菩薩の化身とされる。

4　菩薩的生き方のすすめ　大地から湧き出る自由の菩薩

菩薩という生き方は、紀元前後にインドで起こった大乗仏教運動以来、人類の進化にとって一番重要な道を示しています。大乗仏教の核心である菩薩とは、自分の我を出すのではなく、世のため人のためにに働くこと、他を利することが、菩薩という生き方です。

神道においては、この菩薩の働きを、ミコト（命）と言います。海彦山彦など生活の営みを行なう男は「彦」、女性は「姫」、これは個のレベルですが、大きな使命を受け超個のレベルで天下の役割を果たす者が「ミコト（命）」です。

妙法蓮華経（サッダルマプンダリーカ）は、多々ある大乗仏典群の中でも大乗仏典の王、最も重要な経典です。日本では法華経と親しまれ、全ての人に等しく菩薩として生きる道を説いたお経です。

特に法華経の中でも第十五章、妙法蓮華経第十五従地湧出品によると、「ブッダが正法を説く時に大地が六種に振動し、その大地から無数の菩薩が湧き出てくる」と説かれてい

菩薩(Bodhisattva)　仏道の悟りを求める人の意。衆生への慈悲を行なう修行者。如来報身の菩薩衆。

妙法蓮華経（法華経）（Saddharma Pundarika Sutra）　顕教三乗を一仏乗と説く最も重要な大乗仏典。全二八章（品）前一四章（迹門）と後一四章（本門）から成る。本門第一六「如来寿量品」に久遠実成を説く。第二五は独立した観音経となる。日本には聖徳太子が伝えて以来、時代を超えて日本霊性の核を成している。鳩摩羅什漢訳が普及。

ます。この「六種の振動」とは、地震です。ブッダが正法を説く時に大地が揺れることは、法華経だけではなく様々な大乗仏典で表現されています。大地が六種に振動する時は、地獄、餓鬼、畜生、修羅、人間、天界それぞれの世界の中で、それぞれの救われ方があるとも説かれます。そして、法華経の確信の第十六如来寿量品には、如来の本体は永遠である法身（久遠実成）が説かれます。

釈尊がブッダガヤの菩提樹の下で成道後に、**梵天勧請**を受け天界に昇り教えを説いた内容が華厳経です。華厳経は天界の神々の為に説かれた教えなので、人間には難しいと言われます。そして釈尊は人間界で**初転法輪**を説くことで、無明から生じた煩悩に苦しむ衆生を救う教えを説かれました。それが阿含経典群にまとめられ、後にアビダルマ哲学（倶舎論）として体系付けられました。その実践法がシャマタビパシャナ瞑想（止観）です。

煩悩を整理整頓できると、存在をありのままに観ることが出来ます。そこで、釈尊は二**転法輪**において、般若の智慧を無言で説かれます。釈尊が般若の境地の禅定に入られる時は、必ず身体が金色に輝きます。そして周りの弟子たちにその境地が輝きと共に伝播します。その霊鷲山での説法の風景が般若経に描かれています。後に般若経典群としてまとめられ、論理を超えた哲学をナーガールジュナが中観哲学として説き明かしました。

般若の智慧を実践行として人間界に説かれた三**転法輪**の教えは、大乗仏典群として編纂されます。中でも釈尊入滅の三ヶ月前に説かれた霊鷲山での大説法が、妙法蓮華経に説か

梵天勧請
釈尊成道後説法に消極的であったが、梵天が説法を懇願したので釈尊が応じた。

初転法輪
梵天勧請後、鹿野苑で五比丘に初めて、四諦（苦集滅道）八正道、縁起を説いた。後に、阿含経典群と編纂され、倶舎論として哲学論書に発展した。

二転法輪
大乗の二転は、釈尊が霊鷲山で説いた般若波羅蜜の教え、一切法の無自性、空性を説いたとされる。後に、般若経典群に編纂され、断常二見

れます。天界で説かれた華厳経では普賢菩薩を例に菩薩の教えを説かれましたが、妙法蓮華経では大地から湧き出る無数の菩薩が重要であると説かれています。

妙法蓮華経は、鳩摩羅什や多くの翻訳僧によって主にシルクロード経由で中国へと伝わりました。その菩薩の教えは人生の導き書として、皇帝から諸侯へと、そして民衆へと広がり、時には民衆革命の大きな原動力となりました。日本には、聖徳太子が百済から法華経を招聘し、鎮護国家の重要な柱として位置付けました。その後、伝教大師最澄は、止観の瞑想（シャマタ・ビパシャナ）を実践瞑想行とし、法華経を瞑想の中で無限に広がるビジョンの書と位置付け、法華経と止観が理論と実践の対の行として修行されました。

鎌倉時代、天台宗を学んだ日蓮上人は、末法の時代に於いては妙法蓮華経が衆生を救い共に菩薩として生きる一番の法であると、妙法蓮華経に帰依をする「南無妙法蓮華経」と題目を提唱し、民衆の中に教えを広げていきました。

日蓮上人が描いたひげ曼荼羅の中心には、妙法蓮華経を本尊とし、左右に如来、周りに菩薩、そして日本の**天照大御神**から**護法神四天王**を含め、日蓮上人の霊的視野が描かれています。日蓮上人は神変のエネルギーを発動させ、古代からの霊的な場所で加持祈祷を行ない密教的な祈りと活動をしました。**元寇**の大軍に対して**諏訪湖**の龍体に祈り神風を起こし元軍を駆逐したという伝説があるほど、密教行者としての日蓮上人の存在に関心を持ち

有無二辺を離れる中観哲学と発展した。

三転法輪

大乗の二転は、釈尊が霊鷲山やヴァイシャリなどで利他、慈悲の菩薩行を説いたとされる。後に、大乗仏典群に編纂され、唯識哲学と発展した。

＊これらは大乗からの三転の視点であり、上座部では初転が「経」、二転が「律」、三転が「論」とされる。また大乗でも学派によって主張が異なる。

ます。日蓮上人は日本精神史上、法華行者として最強の霊能力者だと思います。日蓮上人は、古代からの天津神と国津神の霊的世界観を体現し、法華のビジョンにおいて日本国の霊的発動を祈りました。そして、時の為政者に正面からもの申す姿勢を生涯貫きました。

日本の霊性を深める上での重要な経典、法華経は、他者を重んじる菩薩の精神を実践的生き方として示されています。中でも大地から無数の菩薩が湧き出てくる**地湧菩薩**が重要なポイントです。菩薩は天から降ってくるのではなく、地から無数に湧き出てくることが重要です。

私は地湧の菩薩とは、「自由の菩薩」と捉えています。地から湧き出る「地湧」と、フリーダムの「自由」とサウンドも似ています。それ以上に、その精神が同質の意味を持っています。菩薩的生き方は、意識を外に向けることがポイントです。我、我、我と自己の殻の中に留まることが、霊的進化の最大の妨げとなっています。むしろ、現代の末法現象である五つの濁りの世界の中にありながらも、意識を世間に向け苦海の中に飛び込み、問題に立ち向かってゆく姿勢こそが、末法の世を開いていく一番の解決方法です。この方向性とは、自我の開放であり、何者にも縛られず、自由な発想と行動力を持ち、他者と関わっていくことです。自我の壁を乗り越え超個のレベルに向かう鍵が、菩薩的生き方です。

そして、この霊的発動のエネルギーが、大地から無数に湧き出てくると説かれます。地

天照大御神
日本神話古事記に記される皇祖神。イザナギイザナミの子弟スサノヲ弟ツクヨミの三貴子。伊勢神宮内宮主神。

護法神四天王
六欲天第一天に住み仏教守護の天部。八部鬼衆を支配し帝釈天に仕える。東方持国天、南方増長天、西方広目天、北方多聞天。

元寇（蒙古襲来）
1272~1281鎌倉中期モンゴル帝国（元）が2度に渡る日本攻撃の呼称。

日蓮上人ひげ曼荼羅　藤井日達上人書

諏訪湖

諏訪湖周辺四カ所に諏訪大社がある。

地涌菩薩

法華経第十五地涌出品に説かれる上行菩薩を初め娑婆世界の大地から無数に湧き出る三十二相を具えた菩薩のこと。

から湧き出る意味、それが荒神、艮金神、私たち民衆のエネルギーです。自我に封じ込められている霊性が目覚めること、この目覚めこそが自由の菩薩の本質であると確信しています。誰もが心の本質として、自由で開放された覚醒意識、一人ひとりが内なるミロクの意識に気付くこと、各々一人ひとりが自分の足で立ち、世間の中で生きる菩薩の行を深めること、これが弥勒の世の姿であると信じています。

「運動去来妙荒神」の一節がここに結び付きます。

菩薩の修行徳目六波羅蜜と十地の道しるべ

菩薩の精神、菩提心は、意識を外の世界に向けることです。他を利する心、利他心、他者の苦しみを引き受け、楽を与える、**抜苦与楽**こそが菩薩行の一番重要な要旨であり、これが菩薩の心です。抜苦与楽の行をチベット仏教では、**トンレン**と教えられます。トンレンは自分と他者を入れ替え、内なる喜びを他者に与えて、他者の苦しみを全部自分で引き受ける自他交換の瞑想と言われる菩薩行です。言葉やお祈りではできますが、これを生活の実戦行として行なうことは厳しいものがあります。しかし、身近な人間関係や関わりか

抜苦与楽
トンレンと同義。

トンレン (gtong len)
チベット仏教での慈悲の瞑想法。他者の苦しみを自分が受け取り、自分の功徳を他者に分け与える利他行を訓練すること。

入菩提行論 (Bodhicariyavatara)
7世紀頃ナーランダ大学学匠シャンティデーヴァ（天寂）作。全十章、六波羅蜜の実践を説き菩提心発願の功徳を説く。特に第9章「智慧」は中観の見解を明確に説く論書。

らできることがあります。他者の苦しみをよく聞くこと、それを理解し共感すること、そして仏法の視点から一緒に問題を考え、共に歩みながら解決に一歩ずつ向かっていくことはできます。

トンレンはインド大乗仏教の伝統を守るナーランダー大僧院の六世紀の学僧**シャンティーデーヴァ**（寂天）によって、**入菩提行論**（ボディチャーリヤアバターラ）に説かれます。菩薩の実践行の書、シャンティーデーヴァの入菩提行論は、現代でもチベット僧院で学ばれる重要な哲学実践書であり、**六波羅蜜**の解説として菩薩的生き方の指南書です。

六波羅蜜は、布施波羅蜜、持戒波羅蜜、忍辱波羅蜜、精進波羅蜜、禅定波羅蜜、般若波羅蜜という六つの実践徳目です。この六波羅蜜の中で一番重要なポイントが、般若波羅蜜です。空性の体得という大乗仏教の本質、これは般若経の本質でもあります。般若の境地に触れてこそ、他の実践徳目を行ずることで、般若の境地を生活の中で体得していくことができるのです。それが、布施波羅蜜、持戒波羅蜜、忍辱波羅蜜、精進波羅蜜です。そして、般若と四つの方便行を結び付けるものが禅定波羅蜜です。六波羅蜜は手の平に例えることができます。手のひらの真ん中が般若波羅蜜、般若の智慧です。この智慧に触れているからこそ、布施行、持戒行、忍辱行、精進行の各々が、方便行として生きてきます。そして禅定波羅蜜は、この般若の智慧にただ留まる瞑想です。何も掴むことがないので、手

シャンティデーヴァ（Santideva、天寂）
６５０～７００
南インド出身。ナーランダ大学学匠。

六波羅蜜（Paramita）
菩薩が迷い（此岸）から悟り（彼岸）に到る為の修行徳目。

「利他」
布施波羅蜜（Dana）
持戒波羅蜜（Sila）
「自利」
忍辱波羅蜜（Ksanti）
精進波羅蜜（Virya）
「解脱」
禅定波羅蜜（Dyana）
般若波羅蜜（Panna）

の平の般若の智慧を体得することができる、六つの実践徳目なのです。

布施波羅蜜は、財施と法施がありますが、共に他者と分かち合うこと、他者に対し寛容であることです。持戒波羅蜜は、自分を律し戒め、社会と他者に対し正しい行ないをすることです。忍辱、精進波羅蜜は、我慢比べではありません。五濁悪世の娑婆忍土の社会の中で、忍耐を以て積極的に関わっていくことあり、般若の智慧に触れて常に精神的にリラックスできているからこそ、この方便行が生きてくるのです。そして般若の智慧を体得するために、菩薩の方便行を生活の中で行じ、禅定波羅蜜、瞑想を通してその理解を腹に落とします。般若の智慧を経典や中観哲学書を読み深め、般若波羅蜜を体得するための禅定波羅蜜です。一番重要なポイントは、空性の体得です。

六波羅蜜は、発菩提心における菩薩の請願にとって、重要な菩薩の実践徳目です。

菩薩十地は、華厳経の中でも重要な章「**十地品**」に、菩薩の修行階梯が説かれています。菩薩の十段階の内、初地から六地の六段階が六波羅蜜に対応しています。初地は布施波羅蜜、二地は持戒波羅蜜、三地が忍辱波羅蜜、四地が精進波羅蜜、五地は禅定波羅蜜、六地が智慧波羅蜜です。そこから先の七地からの四段階が、**四無量心**、慈悲喜捨に対応します。

この四段階の七地の捨は、他者を上にも下にも見ることのない平等心です。八地の喜は、他者の喜びを共に喜ぶこと。九地の悲は、他者の悲しみを共に悲しむこと。そして十地の

十地品 (Dasa-bhumi)
十地経が華厳経に編入され一つの章として十地品となった。菩薩の十段階の修行階梯が説かれる。

四無量心 (apramanya)
無数の衆生に対し、慈悲の心を余す事なく満たす四種の心。
慈無量心 (maitri)
他者の楽を望む
悲無量心 (karuna)
他者の苦を抜く
喜無量心 (mudita)
他者の幸を喜ぶ
捨無量心 (upeksa)
他者に平等でいる

菩薩の十地

十地　法雲地（ほううんじ）

智慧波羅蜜、慈無量心を行じ、一切智の三昧が完成し、十種の解脱を得て、大菩薩は無量の眷属の菩薩と共に広大な蓮華に座し、無量の智慧と功徳を以て、六種全ての衆生が大法明の甘露の法雨を受け苦を滅する法雲の位。

九地　善慧地（ぜんえじ）

力波羅蜜、悲無量心を行じ、衆生の心相と三界の相を知り、全ての衆生を利する為に、如来の智慧と大慈悲を説法する位。

八地　不動地（ふどうじ）

願波羅蜜、喜無量心を行じ、一切諸法は無生無分別と知り、十種の自由を得て、無量の智慧と無量の神力を以て、大慈悲の本願の不退転不動の相と成る位。

七地　遠行地（おんぎょうじ）

方便波羅蜜、捨無量心を行じ、十種の方便慧を以て無生法忍を得て、智慧と大慈悲の方便を備え、功徳具足円満する位。

六地　現前地（げんぜんじ）

智慧波羅蜜を行じ、十二因縁を観じ三界は虚妄と知り、三解脱門から無為法の智慧の光明を得て、後戻りせず必ず仏となる確信を得る位。

五地　難勝地（なんしょうじ）

禅定波羅蜜を行じ、十種の平等心を以て、二諦の智慧を得て利他行に取り組む位。

四地　焔慧地（えんねじ）

精進波羅蜜を行じ、執着を離れ煩悩を断ち、十種の法明門を以て四方を照らす、三七菩提分法を保つ不退転の位。

三地　発光地（はっこうじ）

忍辱波羅蜜を行じ、有為法を以て観察し、神通力を得て光を放ち、世間を明らかにする位。

二地　離垢地（りくじ）

自戒波羅蜜を行じ、世俗の穢れの中に居ながらも、十善戒の行いから垢を離れ、清浄な智慧が起こる位。

初地　歓喜地（かんぎじ）

布施波羅蜜を行じ、出離し、自我の執着から解放され、他者に寛容になり、発菩提心を起こし、般若の智慧と自らに備わる仏性を理解し歓喜する位。

慈とは、他者と共に成長し育っていくことです。この十段階目は法雲地、如来地とも言い、ブッダと同じ境地です。しかしブッダと同じ悟りの境地にありながらも菩薩の位に留まり衆生を救う働きを行ないます。観世音菩薩も、文殊菩薩も、地蔵菩薩もそうです。

六波羅蜜は菩薩の実践徳目を深め、自身の霊性を深めるための自利行です。四無量心は他を利する抜苦与楽の行を深めていく利他行です。四無量心は五濁悪世の濁った世の中で、慈悲喜捨の実践を行じ世俗に生きる道です。この菩薩の十地は、菩薩が歩く道しるべとして、一歩一歩の修行の深みを示しています。

正法眼蔵の一説に道元禅師は、「菩薩の如来地は、一瞬にして一劫を焼き尽くすほどの大きな炎だ。一方で初地の菩薩は蛍の光ほどの小さな炎だが、菩薩の光の質は同じだ」と説いています。量は違うが質は同じだと。この道元禅師の示しは、誓願を立て梵鐘勧進活動をしていた二十代の私にとって、深い励みとなりました。仏道は、蛍の光のような小さな灯火でいいから、内なる菩提の光を保ち続けて道を歩き続けることが重要だと理解しています。常に、今何を成すべきか現成公案として自問しながら、仏道を歩み続けます。

菩薩の十段階には、何かのライセンスや免状があるわけでもありません。自分が今ここに存在する中で、六波羅蜜と四無量心が、自由の菩薩の道の歩き方の道しるべなのです。抜苦与楽のトンレン行は、実際に厳しい現実の状況に置かれたときにこそ、本当に自他交換のトンレンができるかが問われます。その世間の道を歩む上での修行徳目が六波羅蜜であり、利他行の四無量心が生きてくるのです。

八種の菩薩のタイプと地蔵菩薩の摩尼宝珠

インドの仏教寺院やシルクロードや中国、日本に広がる大乗仏教寺院には、お釈迦様を中心に八大菩薩像が安置されています。**八大菩薩**は、観世音菩薩と金剛手菩薩、文殊菩薩と弥勒菩薩、普賢菩薩と徐蓋障菩薩、虚空蔵菩薩と地蔵菩薩です。この八大菩薩は、菩薩の霊的タイプと見ることができます。

観世音菩薩は仏教圏全土で親しまれてきた慈悲の菩薩です。そのペアである金剛手菩薩は釈尊のボディーガードを勤めていたほどの勇者ですが、後に密教においては大日如来と問答をする重要な役割を果たします。

文殊菩薩は智慧の菩薩として、仏陀の悟りの境地を示しています。弥勒菩薩は常に文殊菩薩と対話を重ね、その智慧を未来仏として弥勒の世の準備を深めています。

普賢菩薩は行の菩薩です。普賢菩薩がまだ善哉童子の時に、数多の世間を遊行し五十三人の善知識に会い教えを学びます。これらの善知識の中には偉い僧や仙人もおられますが、遊女や童子からも教えを学んだと華厳経に説かれています。徐蓋障菩薩は日本では余

八大菩薩
観世音菩薩
金剛手菩薩
文殊菩薩
弥勒菩薩
普賢菩薩
徐蓋障菩薩
虚空蔵菩薩
地蔵菩薩
＊八大菩薩の名称や組み合わせは経典により諸説ある。

りなじみのない菩薩ですが、煩悩の本質を見極め、煩悩という心の重石である障害を取り除くことで、悟りの智慧を得る事ができます。

そして虚空蔵菩薩は、意識空間を含む全ての虚空に記憶されている過去現在未来の情報と知識とみることができます。その本質は**阿摩羅識**（第九識）と理解できます。虚空蔵菩薩と地蔵菩薩を対で見るならば、天と地の関係とも理解できます。地蔵菩薩は大地に秘められた智慧とエネルギーです。

慈悲の菩薩、行動の菩薩、智慧の菩薩、未来仏の菩薩、実践行の菩薩、煩悩を晴らす菩薩、虚空の菩薩、大地の菩薩など、八大菩薩は八種の菩薩のタイプと見ることができます。

ここで注目すべきが、**地蔵菩薩**です。チベットでは地蔵信仰の形跡がほとんど見当たりません。一方で日本ほど地蔵信仰が深く浸透している国はありません。宗派を超えて民衆の中に地蔵信仰が深く根ざし、全国に広がるお地蔵様の祠や石仏に人々が自然と手を合わせています。以前タルタン・トゥルクと日本の地蔵信仰について話をしたことがあります。彼は日本の深い地蔵信仰は、日本列島が揺れ動く地震を人々が直感的に感知し、地蔵菩薩を祈ることでその被害を未然に防いでいるのだと語られました。「お地蔵さん」と呼ばれ民衆に親しまれる日本の地蔵信仰は、日本の大地が持つ霊性の生き写しなのでしょうか。

日本のお地蔵様は、剃髪し袈裟を纏い右手に**錫杖**を立て大地を響かせます。左手に**摩尼**

阿摩羅識（第九識）**(amala-vijnana)**
唯識が説く第八識（阿頼耶識）は全ての無明の土台とするが、心の本質は本来清浄なる如来蔵であると第九識を説く。

地蔵菩薩 (Ksitigarbha)
釈尊入滅後、弥勒菩薩が成仏するまでの無仏時代に、釈尊から六種の衆生を救う事を託された菩薩。

宝珠（チンタマニ）を持つ僧形です。**地蔵和讃**の中で、親よりも早く死んでしまった子どもが三途の川で泣きながら「一つ積んでは父のため、二つ積んでは母のため」と石をストゥーパ（塔婆）に見立てて積んでいる光景があります。子供が積んだ石を鬼が壊し、親よりも早く死んだ子を責め立て、子供が泣きながら再び石を積み上げます。親としては非常に悲しく泣ける歌です。そこにお地蔵様が救いの手を差し伸べ、三途の川の子供の命を救います。

そして、お地蔵様の持つ摩尼宝珠が、六道に苦しむ全ての衆生の御霊を救い出す重要なアイテムです。摩尼宝珠は、全ての願いが叶う霊石と言われています。天界の阿修羅はそれが欲しくて天界に戦いを仕掛けますが、天界の神、四天王の毘沙門天は摩尼宝珠の霊力で不死なる強靭な軍隊を率いているので、阿修羅がいくら戦いを仕掛けても絶対に勝つことができません。だから阿修羅は、天界の神々に嫉妬をしています。

お地蔵様は、戦争や飢餓や病気、時代の濁り（劫濁）の末法の世の暗黒時代になればなるほど、地獄の底まで救いに行くという誓願を以つ民衆救済の重要な役割を担っています。六道を巡り一つひとつの衆生の命を、摩尼宝珠の中に封じ込め、苦海に彷徨う衆生を救って巡ります。このお地蔵様の役割と働きのシンボルが、衆生の命を救って封じる摩尼宝珠なのです。道ばたの六地蔵の姿には、外界に意識を向け六道に彷徨う衆生、五濁悪世

錫杖 (khakkhara) 遊行僧が持つ比丘十八物の一つ。頭部遊環の金属音が獣や毒蛇から身を守る効果から煩悩を除く智慧の象徴となる。

摩尼宝珠 (Cintamani) 意のままに願いが叶う宝。霊験如意宝珠

地蔵和讃 親より早く死んだ子供が賽の河原で石を積み仏塔を作るが鬼が鉄棒で壊し子供が親を慕って泣き焦がれると、地蔵菩薩が現われ「今日より我を冥途の親と思え」と抱き上げ子供を救う法華経方便品からの創作説話。

２０１１年３月１１日　東日本を襲った地震と津波によって壊滅的な被害を受けた光景にお地蔵様が立つ。
写真　ロイター

に苦しむ御霊を救う重要な役割が込められています。

お地蔵様こそが、地から湧き出る菩薩のシンボル、地湧の菩薩と理解できます。そして、私たちはお地蔵様の精神を保ち行動する役割があるのです。

自由の菩薩と弥勒の世　内なる仏国土に目覚める

ミロクの世を願う弥勒信仰は、古代からインド、中国、日本において民衆の信仰として広く流布しています。それは現世の終末である末法の世から、新たなブッダの時代、**未来仏**を待ち望む衆生の願いと、政治の変革を望む民衆の意識の投影でもあります。現代はまさに末法の暗黒時代として、弥勒の出現が待ち望まれている時です。

弥勒菩薩は現在、天界の欲界第四天の兜率天にある龍華宮の椅子に座り、次の弥勒仏の時代、弥勒の世を待っておられます。一方、現代の末法の衆生の世には、多くの菩薩が活躍しますが、中でも観世音菩薩や地蔵菩薩は、摩尼宝珠（チンタマニ）を持ち、六道に苦しむ全ての衆生の命を摩尼宝珠に封じ込め、菩薩の誓願を果たしています。

そして、地蔵菩薩が六道全ての衆生の命を救い摩尼宝珠に封じ、それを持って兜率天に

未来仏
過去仏現在仏未来仏の三世諸仏の内の未来仏。釈尊によって弥勒菩薩が未来仏と受記（予言）された。

昇ります。地蔵菩薩がその摩尼宝珠を弥勒菩薩に手渡し、弥勒菩薩が「しかと受け取った」と宣言し椅子から立ち上がったその時、弥勒仏となり、弥勒の世となると伝えられています。つまり、弥勒の世につなぐ役割は、菩薩の働きが一番重要だという見解（けんげ）です。その仏教的見解は、妙法蓮華経第十五地湧出品による、大地から無数の菩薩が湧き出てくる現象が発動します。地湧の菩薩とは、自由の菩薩、地から湧き出る無数の目覚めた存在です。それはあなたです。そして私です。私たち一人ひとりには誰にも頼らず、なんの肩書きも必要とせず、静かな心と明晰な意識を持って、自分の足で立ち、自由な発想を持って行動できる、本来の性質があります。そして自らが確信した菩薩の請願を、生老病死の今生の中で行じ続けること、この目覚めこそが自由の菩薩の証なのです。

菩薩という生き方は、インド大乗仏教以来の最も重要な霊的進化への鍵です。菩薩とは、エゴを主張するのではなく、世のため人のために生きる存在です。菩薩は、抜苦与楽として、他者の苦しみを引き受け、自分の楽を与えるのですが、自分の内に楽がなかったら、他者に楽を与えることはできません。では、この楽とは、何でしょうか。

この楽とは、苦楽の二元を越えた究極の楽、不二なる楽、**極楽**です。一般に、阿弥陀の浄土、極楽が知られていますが、曼荼羅の視点からは四方に展開します。東方の極楽は薬師如来の**瑠璃浄土**です。密教では東の浄土は金剛薩埵の浄土とされます。

極楽 (sukhavati) 幸あるところ。聖徳太子は「天寿国」と呼んだ。極楽浄土。チベット語でデワチェン (bde ba can)。極楽は辺際ない世界で、虚空は微を極め妙を極め、楼閣宝樹は金銀珠玉の七宝で荘厳され、常に清浄で光明に満ちている。気候は温暖調和、音声は妙説法音、一切の苦がなく、常に諸仏を供養し諸仏の法を聴き、解脱して他者救済の楽のみが満ちているところ。

南の浄土は、現代仏のお釈迦様の聖地、**ブッダガヤ**や**霊鷲山**です。死後の中有にブッダガヤの金剛法座を観想すれば、中有の意識がそこに吸い込まれ解脱できます。また意識の本質に仏法があればどこに居ようが霊鷲山が目の前に仏国土として現れる「霊山眼前」と、法華経に説かれています。

西方には阿弥陀様の極楽浄土が広がります。密教では、パドマサムバヴァの密厳浄土、聖なる銅山（サンドゥペルリ）です。

では北方の浄土はどこでしょうか。それは、この現象界である世間に仏国土を作り上げていくことです。お寺一つ、お堂一つ、仏塔一つ、仏像一つ、梵鐘一つと、この世界に仏法を形に現していく働きが、この世に仏国土を現すことです。弘法大師が高野山を開き千年以上現在にも続く仏国土を作られ、それが守り伝えられていることはすごいことです。聖徳太子の法隆寺や東大寺を始め、日本全土に広がる数十万の仏教寺院が二十一世紀の現代に千年以上の時を越えてダルマが守り伝えられている因は、最初に誓願を立てた方がおられるからです。仏国土をここに作りたい、三宝を守る道場を作りたいという強い意志、菩薩の請願が形になったからです。

この内なる仏国土が抜苦与楽の楽の本質です。苦楽を超えた楽、これを、**大楽**（マハースカー）と言います。

瑠璃浄土
薬師如来の東方の浄土は西方浄土に対し夜明け前の東方の澄み切った瑠璃青の空に清浄で病や憂いのない平安な世界。

ブッダガヤ (Bodhgaya)
印ビハール州ガヤ市郊外前正覚山で6年苦行の後尼連禅河を越え菩提樹の元で釈尊が成道した聖地。金剛宝座がある。世界遺産。

霊鷲山 (Grdhrakuta)
ビハール州王舎城東北にある釈尊が多くの説法をした山。名の由来には諸説ある

もう一つの仏国土は、時間を超えた未来にあります。それらは光輝く未来の仏国土、弥勒仏の世、新たな正法の世です。

弥勒仏の境地を常に観想し、三世十方諸仏が悟られた**阿耨多羅三藐三菩提**、**無上正等覚**を禅定によってこの瞬間に体現することで、六道の事象全ては自我意識が投影された夢幻の世界であったことに気付きます。人々を煩悩に眠らせ耽らせる五濁悪世の働きが、それらは空しい事象であると見抜く智慧、世俗の虚妄の世界がどう生み出されているのかを見定める智慧、そして広大で高貴なる自性清浄心の空間にただ留まること、それが弥勒仏の境地です。その智慧の輝きは、外世界に遍満しており、内なる意識空間、ハートチャクラに光輝く仏性が広がっています。この気付きの瞬間が、弥勒の意識の顕現です。

地軸がいきなりゴロンとひっくり返って弥勒の世が到来したり、弥勒仏が天界から光の降臨と共に現れ今日から弥勒の世だと告げられる、そんなイメージを一般には持ちますが、それは映画の世界です。むしろ、弥勒の世とは、行者の意識の中に弥勒の意識が宿ったその瞬間、内なる弥勒の世が開け、新たな世界が立ち起こります。一人一人の弥勒の目覚め、その瞬間が弥勒の世です。私たちの存在の心の本質が、弥勒の意識であることに気付くこと、その瞬間が弥勒の世なのです。

現代はまさに、天と地と人のエネルギーの全てが乱れています。地震、水難、火災、台

が、釈尊説法時に比丘の衣で山全体が覆われた姿が鷲が羽を休めている形に見えたという説もある。

大楽 (mahasukha)
密教で説く、苦楽を超えた絶対安楽の究極の境地。

阿耨多羅三藐三菩提 (anuttra-samyak-sambodhi)
この上なく正しい平等円満な悟りの境地無上正等覚。

風と、地水火風のエネルギーバランスが乱れ、惑星的なレベルの大変化が起きている大変な時代に生きています。これは地球や太陽、他の惑星や銀河からのメッセージだとも受け取れます。天のエネルギーは、風と雨水を動かしていますので、天と地は連動しています。天と地は連動していますので、大地も動き始めます。地震が起こるときは天体の運行と連動しています。また天地の激動が、衆生の精神、霊性にも働きかけています。

故に人々が、天と地に祈り働きかけることでバランスを保つことも可能だと信じています。自由の菩薩である私たちが弥勒の意識に目覚め、天地人のエネルギーバランスを整えることを、祈りと瞑想と行動を通して、神様仏様に神変加持を働きかけることが、現代を生き抜く為の重要な役割として、私たちにかかっているのです。

是非とも、末法の世界を照らす行者として、霊味の時代を皆さんと一緒に歩き続けたいと願っています。

・浅井雅志、『奇跡を求めて』、平河出版社、一九八〇年。
・稲葉小太郎、『仏に逢うては仏を殺せ 吉福伸逸とニューエイジの魂の旅』、工作舎、二〇二一年。
・『別冊宝島16 精神世界マップ』、JICC 出版局、一九八〇年。
・Tarthang・Tulku「Time,Space & Knowledge」、DharmaPublishing、一九七七年。
・荒俣宏編、『世界神秘学事典』、平河出版社、一九八一年。
・おおえまさのり、『未来への舟 草木虫魚のいのり』、いちえんそう、二〇一二年。
・ティモシー・リアリー山形浩生訳、『神経政治学』、トレヴィル、一九八九年。
・江上波夫、『騎馬民族国家 日本古代史へのアプローチ(中公新書、147) 改版』、中央公論社、一九九一年。
・『月刊 遊(一九八二年六月号)特集「古代する」』、工作舎、一九八二年。
・井筒俊彦、『イスラーム哲学の原像』、岩波新書、一九八〇年。
・東條真人、『ミトラ神学 古代ミトラ教から現代神智学へ』、国書刊行会、一九九六年。
・日蓮著紀野一義訳、『日本の名著 日蓮』、中央公論社、一九七〇年。
・日本山妙法寺監修、「撃鼓宣令」編纂委員会編纂、『写真集 撃鼓宣令 藤井日達上人平和への歩み』、柏樹社、一九八五年。
・エリザベス・クレア・プロフェット著、下野博訳、『イエスの失われた十七年』、立風書房、一九九八年。
・マーヴィン・トケイヤー著、久保有政訳、『聖書に隠された日本・ユダヤ封印の古代史』、徳間書店、一九九一年。
・落合莞爾、『天孫皇統になりすましたユダヤ十支族「天皇渡来人説」を全面否定する』、成甲書房、二〇一六年。
・宇野正美、『戦争、食糧危機、天災 ユダヤが解るとこれからの日本が見える 激動の世界を読み解く』、ヒカルランド、二〇一九年。
・『國譯一切經 経集部二 弥勒三部経他八経』、大東出版社、一九二九年。
・出口なお、『大本神諭 天の巻 火の巻 (東洋文庫 347,348)』、平凡社、一九七九年。
・岡本天明、『ひふみ神示』、コスモ・テン・パブリケーション、一九九五年。
・山崎正和訳、『太平記上下』、河出書房新社、一九八八年。
・厚見郷土史編集委員会編、『厚見郷土史 上巻』、岐阜市厚見連合広報会、一九八六年。
・ダライ・ラマ14世テンジン・ギャツォ著、マリア・リンチェン訳、「ダライ・ラマ『菩提心の解説』大蔵出版、二〇一五年。
・シャーンティデーヴ著、金倉圓照訳、『悟りへの道(サーラ叢書9)』、平楽寺書店、一九六五年。
・中村元、『現代語訳大乗仏典7論書・他』、東京書籍、二〇〇四年。
・安田章紀、『ニンティクの研究 ロンチェンパの思想を中心に』、起心書房、二〇一七年。
・津曲真一、『瞑想意識の集中と弛緩ーロンチェンパ著大究意禅定安息論の研究ー』、コンテンツワークス、二〇〇七年。
・ラマミパム林久義訳、『静寂と明晰 チベット仏教ゾクチェン修習次第』、ダルマワークス、一九九二年。

第五章　霊味の祈り　本来清浄 円満成就

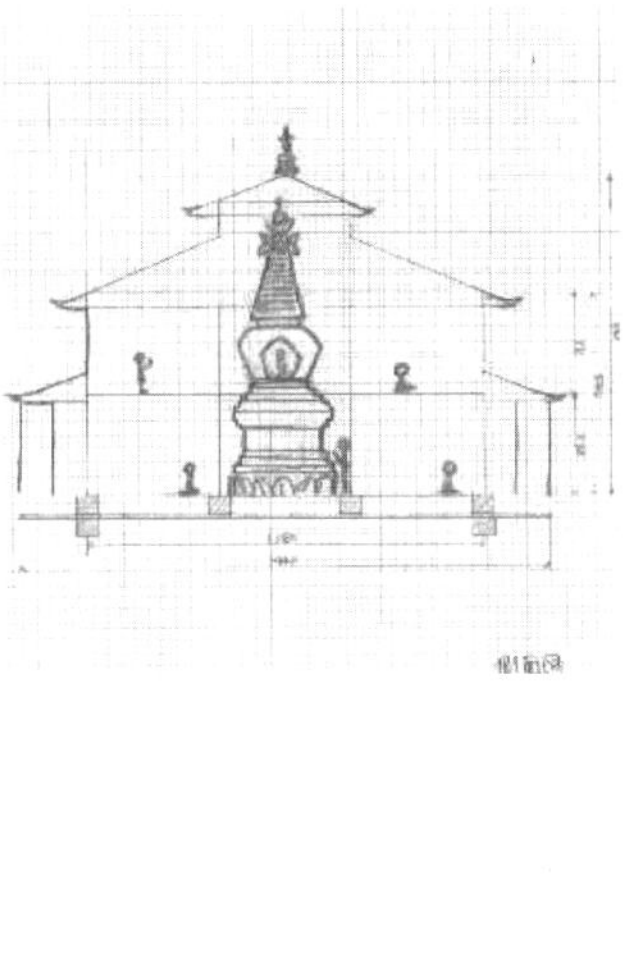

1　亀の島が仏国土となる日

「鉄の鳥が飛び、鉄の馬が地を駆け巡る時、
ダルマは赤い人の土地に伝わるであろう」

パドマサムバヴァの予言

師タルタン・トゥルク・リンポチェは、二〇二一年五月二六日（水）満月の日、アメリカの歴史上初めて、**ホワイトハウス**で仏教の**ウエサク祭**を祝う法要の機会を得ました。それは、アメリカの仏教徒にとって特別で歴史的な一日でした。また、タルタン・トゥルクが師**ジャムヤン・キェンツェ・チョキ・ロド**と交わした「西洋に仏法を伝える」という、彼の菩薩の誓願が成就した日でもありました。

タルタン・トゥルクは一九六八年末、亡命先のインドからニューヨークに渡り、翌年一九六九年二月陸路でカリフォルニアに辿り着きました。その後、彼は精力的に仏教研究所、印刷所、そしてオディヤン寺院建設と米国でのダルマの基盤を作ります。そして

ホワイトハウス　アメリカ大統領が居住し執務を行なう政権中枢の官邸公邸。

ウエサク祭 (Vesak)　釈尊の誕生（8日）成道、涅槃（15日）が4月満月であることから仏教圏で行なわれる最大の祝祭。

ジャムヤン・キェンツェ・チョキ・ロド (Jamyang Khyenyse Chokyi Lodro)　1893～1959　ジャムヤン・キェンツェ・ワンポの転生者。チベット仏教超宗派の中でも最も尊敬され影響を与えた師。埋蔵教法発掘者（テルトン）。

一九八九年からは、インド仏教復興支援活動、ブッダガヤ世界平和セレモニーの主催、経典無償配布事業、**上座部国際大法要**主催と、アメリカの地からこれらの仏法普及活動を世界的に行なってきました。アメリカに渡り五十年以上の地道な彼が活動が、ホワイトハウスでのウエサク祭法要の実現に結びつきます。新たな時代を開いた象徴的な一日でした。

ウエサク祭とは、旧暦四月八日お釈迦様の生誕、四月十五日の成道と涅槃の三つの仏事を、全ての仏教徒が祝う日です。アメリカ国際仏教協会は、長年アメリカの政治的中枢であるホワイトハウスでのウエサク祭のお祈りを実現しようと奔走していました。アメリカ合衆国が多民族多宗教国家と成長した証として、仏教徒の声をブッダへの祈りとして現すことを目的としていました。二〇一六年**オバマ大統領**政権時代に、アメリカ国際仏教協会は大統領から声明を得ることはできましたが、法要は実現しませんでした。その後**トランプ大統領**政権時代では、アメリカ分断の時を迎えます。二〇二一年一月、ホワイトハウスが強硬派によって一時占拠される前代未聞の事件が起きます。そして、時代が動き、ウエサク祭の法要が初めて、ホワイトハウスで行うことが実現したのでした。

アメリカ国際仏教協会会長、**ワンモ・ディキシー**女史は、タルタン・トゥルクの長女です。彼女は二〇〇六年より毎年、スリランカ、タイ、ミャンマー、カンボジア、ラオス、

上座部国際大法要 (International TiPitaka Chanting)2008 年より毎年全上座部仏教国寺院代表がブッダガヤに結集し大法要。

オバマ大統領 1961~ Barack Hussein Obama 第４４代アメリカ大統領。初の有色人種大統領。民主党出身 在任 2007~2017

トランプ大統領 1946~Donald John Trump 第４５代アメリカ大統領。共和党出身米国第一主義者 在任 2017~2021

ワンモ・ディキシー 1969~ タルタンリンポチェの長女。上座部国際大法要主催。

インドネシアなどから全ての上座部仏教の代表が参加し、ブッダガヤで祈りを捧げる法要を主催してきました。また、各国の上座部仏教の連携を支援し、経典の配布や次世代の出家僧の育成教育といった地道な活動を続けてきました。この上座部仏教支援活動が認められ、二〇一六年、彼女は**アメリカ国際仏教協会**の会長に推挙され、**ダルマ・イントゥ・アクション財団**(Dharma into Action Foundation)と協力し、このホワイトハウスでの法要を実現することができたのでした。

ホワイトハウスでの法要には、仏教三乗の宗派の代表が集まったという意味でも意義深いものです。上座部を代表して、**ウパラタナ師**（スリランカ・アメリカ）、大乗を代表して、**マービン・ハラダ師**(日本・アメリカ)、金剛乗を代表してタルタン・トゥルク・リンポチェ（チベット・アメリカ）が集い、灯明を灯し祈りを捧げました。アメリカ合衆国のホワイトハウスで仏教徒による歴史的な平和と癒しの灯明が公式に灯った歴史的な日となりました。

ホワイトハウスは、米国史上初の仏教徒による公式な法要を受けて、**バイデン大統領**の公式声明を発表しました。

「ジルと私は、米国および世界中の仏教徒が、ブッダの生誕、成道、涅槃を称える日であるウエサク祭を祝うことを共に心より祈ります。二千五百年以上前から祝福されているこの日のシンボルの灯明は、仏教の教えである慈悲、謙虚、無我の心を、今に伝えていま

アメリカ国際仏教協会 (International Budhist Association America) 全米仏教徒の活動と発言を守り仏法啓蒙と育成目的の団体。

ダルマ・イントゥ・アクション財団 (Dharma into Action Foundation) 米国仏教から世界中の仏教文化を守る活動団体

ウパラタナ師 (Ven.Uparatana) 米国在住スリランカ仏教僧。在米スリランカ人コミュニティ仏教界で５０年以上奉仕活動している。１９８９年以来アメリカン大学でチャプレンとして勤める。

金剛乗の三乗の代表として灯明を捧げるタルタン・トゥルク・リンポチェ

仏教の上座部、大乗、金剛乗の三乗の代表
右よりマービン・ハラダ師、ワンモ・ディキシー女史、タルタン・トゥルク・リンポチェ、
ダグラス・エンホフ二等書記官、左2人目ウパラタナ師
ホワイトハウス公式写真：キャメロン・スミス

マービン・ハラダ師
(Rev. Marvin Harada)
1953~　オレゴン州
オンタリオ出身。
日系2世浄土真宗本
願寺派北米司教長。
アメリカ仏教協会
(BCA)司教。

バイデン大統領
(Joseph Robinette
Biden Jr) 1942~
第46代アメリカ大
統領。民主党出身。
在任 2021~

す。また、このウエサク祭は、アメリカの仏教徒の方々がコミュニティやアメリカ国を豊かにするために、多大な貢献をされていることを記念し、今後の明るい将来に向けて共に協力していきたいと思います」

ジョー・バイデン　アメリカ大統領

ワンモ・ディキシー女史は、ホワイトハウスが時の政権の政治的立場に影響されることなく、どのような状況になろうとも、今後毎年祈りが行われるよう強く希望しています。それは自由と信教の自由を掲げるアメリカ合衆国建国の意思の実現であり、多民族国家としてのアメリカが、多様性の共存と自由を保障する姿勢を貫く祈りでもあるからです。

「アメリカ民主主義の中心であるこの場所で、仏教の三つの全ての偉大な伝統から祈りが捧げられたことは素晴らしいことです。釈迦の生涯と教えを祝うこのウエサク日に、この法要を行うことはとても縁起が良いことです。今日、私たちが捧げる祈りが、すべての人々、特にダルマの中心地であるインドの兄弟姉妹に平和と癒しをもたらし、アメリカホワイトハウスのここから放たれる光が、全世界に智慧と調和をもたらしますように。すべての生きものが貪瞋痴の苦しみから解放され、無量の平安と幸せを享受できますように」

ワンモ・ディキシー　アメリカ国際仏教協会会長

ベトナム戦争　１９６０年南ベトナム解放民族戦線が南ベトナム政府に対し抗争を開始し、６３年米国は全面軍事介入するが、７３年和平協定し撤退する。米国内で大規模な平和運動が起こる。

ネイティブアメリカン (Native American)　１４９２年欧系白人が北米に到達前に居住する先住民族。現在５６６部族集団。

亀の島 (Turtle Island)　ネイティブアメリカンが古来から呼ぶ北米大陸の名称。ゲイリー・スナイダーの同名の詩集が有名。

現在アメリカ全土には、およそ四百万人の仏教徒が在住しています。チベットからの亡命者によるチベット仏教徒。タイ、スリランカなど東南アジアからの移住者による上座部仏教徒。中国、朝鮮からの移住者。**ベトナム戦争**以後のベトナム難民移住者。そして百年以上前から日本から移民した日本人などの大乗仏教徒。これら東洋のあらゆる仏教国からの仏教徒が、アメリカという自由の国、**ネイティブアメリカン**が**亀の島**と呼んだ土地に移り住み、百年以上の時を経てアメリカ仏教の礎が築かれてきたのでした。

日系二世のマービン・原田師は、**浄土真宗本願寺派**北米区開教総長の大乗代表の立場として、この法要で読経をされました。アメリカでの浄土真宗の活動は、一八九九年、二人の浄土真宗聖職者がサンフランシスコに移住し、開拓地での日系人へ布教から始まります。百年以上前、アメリカ史上で一早く伝道を行ったのは、日本仏教だったことが驚きです。第二次世界大戦中の日系人が強制収容所に収監されるという困難な時代を乗り越え、現在では**アメリカ仏教協会**として、全米に六十以上の寺院があり約一万二千人の信徒を導いています。

六〇年代曹洞宗の禅僧**鈴木俊隆**老師がサンフランシスコに渡り、禅を伝えたことや、七〇年代日本山妙法寺の藤井日達上人がネイティブアメリカン解放運動を支え、弟子による東部グラフトンの仏舎利塔建立など、日本仏教の影響はその後アメリカでの大きな仏法

浄土真宗本願寺派
親鸞開祖の浄土真宗の最大宗派。本山は京都市内の龍谷山本願寺。全国1万以上の包括寺院を持つ。

アメリカ仏教協会
浄土真宗本願寺派の2人の聖職者が1899年に渡米し布教した事から始まり、現在全米60以上の寺院と一万二千人の信者が集まる浄土真宗の団体。

鈴木俊隆
1905〜1971 平塚市出身。曹洞宗禅僧。1959年渡米。SF禅センター設立。米国に禅を広めた影響は大きい。

のうねりとなっていきます。現在、アメリカの知識層において、瞑想や禅、ヨーガは一般的に普及し、心を落ち着かせる実践的テクニックとして知られています。また企業やビジネス世界の中には、**マインドフルネス**として、ストレスや心の傷を軽減し、自然治癒力を高め、気付きという明晰な意識の目覚めへと促すアプローチとして浸透しています。

今や瞑想は、宗教や組織の枠組みを越え、癒しのセラピー（心理療法）として、アメリカ社会の中で実践されています。それは、東洋系アメリカ人だけではなく、民族を超えたアメリカ文化として社会の中に広がっています。「私は誰か」という自己の探求は、アメリカの**プラグマティズム**（実践主義）と相まって、自我との直面から超個へと、ブッダが示す道が広く受け入れられてきたのです。これは、まさにアメリカの霊性の開示が、ブッダの教えと瞑想に求めていったアメリカでの時代の変遷として見ることができます。そこには、人が生老病死という普遍的な人生問題に直面した時に、瞑想体験という自身の内に答えを求め、その個を更に乗り越えていく実践法を提示できる導きの法が、仏教にあったからです。

IN GOD WE TRUST（イン・ゴッド・ウィ・トラスト）「我々は神を信じる」とは、アメリカ合衆国の公式な国家の標語です。アメリカ建国の歴史は、キリスト教徒が新大陸に移民したことから始まります。建国時のゴッドとは、ユダヤ教キリスト教の創造主と理解され

マインドフルネス(mindfulness)
仏教の止観瞑想が現代的にアレンジされ心理療法やビジネスに活用されている。

プラグマティズム
19世紀末に米国で生まれた哲学思想。観念より行動実行を強調する実践主義。

IN GOD WE TRUST
「我々は神を信じる」アメリカ合衆国公式の標語。米国全硬貨や1ドル紙幣に表記。

てきましたが、二〇二一年、ホワイトハウスで行われたウエサク祭公式法要において、今、アメリカ合衆国という多民族国家は、「**我々は神仏を信じる**」と、多神教の国と宣言した特別な日、東洋の霊性が西洋の霊性と融合した日だったと理解することができます。

亀の島アメリカの地に、長い時間かけた仏法の一歩一歩の歩みが神仏習合の霊性として、更に開花していくことでしょう。

2　飛騨の密教行者　小欲知足、抜苦与楽、円満成就の祈り

飛騨の語源は「ひだき神事」にあると言われています。火を囲み、霊（ひ）を祀り、霊示を受ける神聖な神事には、超古代から息付く飛騨人の高度な霊性を感じ取ることができます。「一立（立山神界）、二富士（富士神界）、三白山（白山神界）」と呼ばれる立山神界は、日本海の表玄関から入り、富山を里宮とし、高山を奥宮とする広大な霊域を成しています。その奥宮の最も重要な聖地が、位山です。飛騨の両面宿儺は大和朝廷に対し最後までまつろわぬ民として日本書紀に記録に残され、彼が祈りを捧げた霊山、位山には今も**巨石群**や**ペトログリフ**の痕跡を残し、山全体が古代ピラミッドであるとも言われています。

位山山頂より東方を眺めると、立山連峰から連なる穂高連峰、焼岳、乗鞍岳と連なる**飛騨山脈**がそびえ立っています。特に古代から**乗鞍岳**は「神が乗る鞍、御座す山」として、人間が入ることを禁じられた神域と敬われてきました。その乗鞍岳を祈りの憑代とし、飛騨山脈の南方からその神域を感じ取る修行の地が、**御嶽山**です。

全ての霊山は、一山四水（一山四海）の曼荼羅構造を成している**須弥山**と教えられます。霊山の東から入門し、南で修行し、西で成就し、北で涅槃に入るという修験曼荼羅の御嶽

巨石群
位山全体に祭壇石、鏡岩、禊岩、日抱岩、天の岩戸など百の巨石が点在している。

ペトログリフ
古代人が岩や洞窟等に刻まれた文字や意匠。ドルメン、ストーンサークル等含む。

飛騨山脈
富山県新潟県岐阜県長野県に連なる山脈中部山岳国立公園

乗鞍岳
飛騨山脈南部活火山標高 3026m

御嶽山
飛騨山脈と中央アルプスの間の独立峰。標高 3067m。2014 年大噴火。

山も、同じ霊域構造を成しています。また、古代修験道において多くの霊山が女人禁制である中で、御嶽山は男女が共に修行に入ることが許された霊地であったとも伝えられています。

御嶽山の北西に位置する飛騨側の秋神(現高山市、旧朝日村)の地は標高千メートル、本州の最低気温マイナス二七度を記録した年もある極寒の村です。私はこの秋神の地が古代において、男女で修行し成就した後、涅槃に入るまでの隠れ里であったと推測しています。今も御嶽修験の信仰と修行の地として、飛騨側から御嶽山に修行に入る一合目の地が秋神です。位山、乗鞍、御嶽山の三等辺三角形の飛騨の霊山の重心の地とも見ることもでき、秋神という場は不思議な空間でもあります。現在は浄土真宗二ヶ寺が現存しますが、かつては真言宗や禅宗のお寺が六ヶ寺ほどあったとも伝えられます。しかし、今では二百十日の風の盆に行う「**天狗祭り**」が、その霊的伝承を神事として残すのみです。

私は、仏縁あって一九九七年の春、お釈迦様降誕会四月八日、岐阜市での高校講師を辞し、役場に転居届と婚姻届を提出し、御嶽山北西一合目飛騨の秋神に移住しました。

私は長年「お寺は心の中にあればいい」という考えを持っていました。しかし、師よりニンマ派に伝わる深い奥伝を受け一九九五年にネパールの**マラティカ窟**の瞑想修行から帰国した時、「自分の心の中に正法というお寺があるのだろうか。もしも本当にあるのなら

須弥山(sumeru) 仏教宇宙観の世界の中心の霊山。風輪水輪金輪に鉄囲山で囲まれた大海の中心に須弥山がある。四方東方勝身洲、南方贍部洲、西方牛貨洲、北方倶盧洲がある。

天狗祭り 御嶽修験山伏に飢饉の際に天狗を祀る教示を受け、四十八供物に灯明を捧げる。

マラティカ(Maratica) ネパールエベレストベースキャンプ近くにある無量寿仏が宿る鍾乳洞の巨大な洞窟。瞑想と祈祷が満願すると満月に不老長寿の泉水が湧く。

ば、それは必ず形に顕せるはずだ」と確信し、自分の法脈を日本にチベット寺建設として表すというビジョンを得ました。この私のビジョンに対し、師から「タルタン寺」の命名を正式に認可頂きました。そのビジョンの実現の地は、みのおわりの艮の方角、飛騨の御嶽山霊域と確信をしていました。また梵鐘勧進活動時に、高山の地で**音声供養**を行う機会を頂いた仏縁から、多くの飛騨の方々と暖かい交流が続き、そのご縁を頼って飛騨での空き家探しを始めたのでした。在俗の道を選んだ私を支えてくれ、行者の道を共に歩んでくれる良妻賢母のスピリチュアルパートナーに感謝しています。秋神での新天地は、良く言えば古民家、現実は一部の壁と床がなく雨漏りが酷い、実態はお化け屋敷でした。上下水道の設備はなく、まだ雪残る外に山水のホースが一本あるのみからの新婚生活が始まりました。この「古民家」で数年暮らし子供たちを育てながら、ビジョンを実現するための土地を近くに買い求めました。

そして、二〇〇〇年の雪解けの春より、私はタルタン寺建立の誓願を一枚のラフスケッチに表し、セルフビルドによるウッディヤーナ山タルタン寺の建築に取り組み、オディヤン寺院で学んだチャレンジ精神の実践を始めます。

整地から基礎の穴掘り型枠作り、基礎の生コン打ち、材木を刻み、そして棟上げへと、オディヤン寺院で学んだ「何でも自分でやってみる（ドゥー・イット・ユアセルフ）」のチャレンジ精神で邁進していきます。「林さん家作るそうやで、原木あげるわ」と、堰堤から

音声供養
音声読経や梵鐘の響きによって娑婆世界の衆生を救う法要。仏陀は音声を以て説法し衆生救済する仏事に縁を持つ。

結
小さな集落で住民総出で助け合う相互扶助の民間伝統。

出た障害木トラック四台分ほどの杉の原木を頂きました。それを製材し、柱や桁、床板に挽きました。飛騨には、**結**（ゆい）という共助の伝統があり、特に棟上げの時には近所の方々から協力を頂きました。また時あるごとに友人知人からの惜しみない力を頂き、建築を勧めることができました。当初より充分な資金もないところから勢いのみで始めたため、ドア、窓、建具、設備、資材などは建築解体現場から頂いたものを利用し、リサイクル材リユース材をふんだんに使用したお寺です。そして、基礎構造と設備に三年掛け、古屋から未完成の工事現場に移り住み、住みながら内装工事を進めていきます。お寺は、**サンドゥペルリ**（聖銅山）形式の立体曼荼羅構造、三層屋根、**金剛界曼荼羅**九会の間、そして三層吹き抜けの中央部には、九メートルの仏舎利塔を建立します。

「ああ、このワシが水を汲み、薪を運ぶとは！」

ある中国の禅僧の悟りの言葉は、飛騨山奥での生活を励ましてくれます。古来より修行の地を山奥に求め、自然の中に生きる**リトリート**（隠遁修行）は、禅僧や道士、山伏、密教行者たちが求めたライフスタイルです。豊かな自然環境の中に小欲知足の生き方を求め、自己を研鑽することは生活自体が修行となります。

二十一世紀の日本で未だ上下水がない限界集落のこの地では、山の水源からホースを引き飲水を確保をしています。秋の落ち葉が詰まる真冬ほど水源の管理は欠かせません。山

サンドゥペルリ (zan mdo pal ri)
阿弥陀如来の密教形パドマサムバヴァの密厳浄土。聖銅山。

金剛界曼荼羅
金剛頂経系密教曼荼羅九会の様式。中央と四方八方の九つの升目格子状の曼荼羅スタイル。

リトリート (Retreat)
人里離れた場所で一人籠り瞑想修行をする事。

水は一年中流し水で、真冬ほど流水の音を気にして暮らします。下水はバクテリア分解トレンチ工法による環境に配慮した**新見式浄化槽**を自作しました。極寒の真冬にマイナス二十度が続く日々では灯油ストーブでは機能せず、薪ストーブで暖を取ります。そのため秋から数トンの薪を割り積み上げる準備作業に家族で汗を流し、極寒に備えます。

飛騨山中の自然は、多種多様な山野草やキノコの宝庫。熊、カモシカ、猪、猿、狸、狐など野生動物の王国。オオムラサキ、孔雀蝶、瑠璃タテハ、シジミチョウ、そしてカメムシなど無数の虫の天国。何よりも清らかな水と青い空。山川草木の全てが霊気に包まれ、厳しくも豊かな自然環境の中で、天地の働きと恵みを感じ取ることができます。雑草と思われた原野へ図鑑片手に分け入ると、春に芽吹く山野草が、食べられるもの、食べられないもの、毒草と見分けられ、一本一本に食の特徴や効用、料理法を学んでいきます。夏には、白樺にそよぐ涼風が濃緑の葉をサワサワと静寂の音を響かせ、時には雷雨へと急変し、雨上がりの日差しにトンボの群れが光り輝きます。秋は紅葉。青空と緑の野山は風の盆を過ぎる頃から、徐々に山の衣が黄や赤へと姿を変え、十月中頃には山全体が紅葉の霊気に包まれます。やがて初雪が根雪となり、極寒の冬へと向かう頃、年末年始を迎えます。外は極寒でも家の中は薪ストーブの上で、コトコトとお湯が沸き煮物料理の香りが漂う、長い雪**安居**の季節が続きます。

新見式浄化槽
新見正氏が開発した土壌生態系機能を応用した土壌被覆型工法と毛管浸潤トレンチ工法の汚水処理システム。

安居 (Varsa)
釈尊在世より雨期に遊行を止め、一カ所に留まり修行生活をした雨安吾から、籠り修行をする期間。

小欲知足の暮らし

山暮らしの生活は、**小欲知足**を基本とします。小欲といっても我慢をするよりは、大きな欲のビジョンを実現するために、今重要なもの、今は必要としないもの、この先に余裕がある時にあってもいいもの、と優先順位を考えます。また欲は知識と技術で昇華する試みをします。子供たちが小さい時に、「炭酸のサイダーが飲みたい！」という会話がありました。すぐに買い物に行ける環境ではないので、そこで、「松の葉っぱからサイダーを作ってみよう」となりました。松の葉を採集し瓶に詰め、発酵していくプロセスを数日観察し、不思議な美味のサイダーをみんなで分け合って飲んだひと時でした。その後買い出しに街に出た際に、本物の？砂糖で甘い炭酸サイダーを飲んだ子供たちの顔が忘れられません。

何にでも智慧と工夫でチャレンジし、形に表し、意志を実現していく精神の日常は、「足るを知る」の実践でもあります。今ある現状をただ受け入れるのではなく、知っていくことで足らないものを生み出す能力が試されます。雑草を知れば薬草となり、端材もカンナをかければ白木となり、壊れた機械からもパーツを利用し、どんな食材も「食べれば栄養、捨てればゴミ」、捨てるものは何もない、困難な状況に直面してもチャレンジすることで

小欲知足
「欲少なくして足るを知る」持っていないものを欲しがらず持っているもので満足すること。

学びの機会となり、目の前の課題や問題に智慧と工夫で活かしていきます。

畑の野菜作りは作付け期間が短い極寒地ながらも、精魂込めて作った有機野菜は猿や猪、ムジナたちに食べられるという、山間部ならではの獣害に遭いながら自給自足を目指す日々です。味噌や漬物などの発酵食、素材からの保存食、山奥で生き延びる知識と技術の学びの実践生活です。地域の保育園や小学校が次々と廃校になる中、子育て環境が困難な状況ながらも、結婚当初から「食と教育と建築のアウトソースはしない」と、出来るものは自分たちで智慧を生かして生きる精神、我が寺の精神、小欲知足を貫いています。

抜苦与楽の意志

私は、一九九五年のオウム事件以来、信者の脱会カウンセリングを行っています。それは、カルト信者を子にもつ親や家族の苦悩に共感し、解決に向けて道筋をつけるという活動を今も続けています。

二〇〇四年、六年ぶりにオディヤン寺院参籠し、リンポチェに面授した夏は、特に印象深い年でした。九十年代オディヤン寺院の西側に十万体の仏像を安置する強大な**ヴァジュラテンプル**の建築に関わり、私はその仏像に御霊体を封印する作業を行ないました。九十年代後半から、次に南側に**チンタマニ**というニンマ派の全法脈を祀る青銅の巨大な御堂の建築が始まります。この年は、基本建築作業から八方の表面に二十メートルから十メートルのレリーフの仏像を制作する作業が始まっていました。この夏、私は青銅のパーツを組み合わせ十メートルほどになるパドマサムバヴァの憤怒尊、**ドルジェドロロ**の仏像制作に関わっていました。

作業を行なっていたある時、リンポチェに呼ばれオディヤン寺院東門の橋に共に立ち話となりました。

「お前は、まだオウムというカルトのカウンセリングを行なっているのか？」

リンポチェは、カルト宗教団体のオウム真理教が様々な事件を起こしたことに危機感を感じておられました。度重なる対話の中で私は、オウム事件は日本の霊性を破壊するほどの重大事件であり、洗脳された信者の脱会プロセスには、仏法が一番の妙薬であると伝えていました。しかし、アメリカ国内で、オウム事件が起こした前代未聞の国家的テロ事件の実態が伝えられるほど、リンポチェの危惧はより深まっていったようでした。

ヴァジュラテンプル
オディヤン寺院西方に建てられた十万体のパドマサムバヴァの仏像が納められている巨大な御堂。

チンタマニテンプル
オディヤン寺院南方に建てられたチベット密教の全法脈の師の像が納められている巨大な青銅御堂。

ドルジェドロロ
パドマサムバヴァが憤怒神ヘルーカ、ヴァジュラキーラに変化した八変化内の一つ。魔を調伏する蕨を持つ憤怒形。ブータンタクツァン寺院の崖に虎に乗って降りた。

「オウムというカルトは危険だ。これからは関わらないようにしなさい」

「私はオウム信者を子供にもつ親の相談を受け、信者を救う脱会への手伝いをオウム事件直後からしています。目の前で困って悩んでいる方々を見捨てるわけにはいきません。チベット仏教を語るオウム集団の間違いを指摘し、本来の仏法へと生きる道を示すことが、私の役割だと思っています」

「それがお前の役割か？　他には誰もいないのか？」

「はい！」

「どうしてもそれをやりたければ、これからは一切、チベット仏教もニンマ派であることも、私の弟子であることも、語るな！　良いな！」

リンポチェの表情が、憤怒の炎に包まれドルジェドロロの形相となり、今にも私に喰らい付くような気迫でした。

私は答えます。

「わかりました。これからはチベット仏教もニンマ派も、リンポチェの弟子であることも語りません。ただ、抜苦与楽の菩薩の働きとリンポチェから受け継いだ禅定は捨て去ることができません！」

リンポチェの**劫火**の迫力に対し、蛍火ながら私の意志をはっきりと示した瞬間でした。

劫火
一劫（カルパ）を一瞬にして焼き尽くす炎。

相輪
仏塔や寺院の頂部にあるリング状の輪を重ねたシンボル。中国日本では九輪とされるがインドネパールチベットでは十三輪。宇宙観を現す。

タルチョ（仏旗）
旗に経典やダラニを印刷したもの。風に吹かれると天が読み功徳が得られ天が清まる。

そしてその後、長い沈黙の空間が、漂いました。

「ヒサ」

長い長い凍りついた緊張空間を破壊するような、リンポチェの声が響きました。リンポチェが私をいつもショートネームで呼ぶ、柔和で全てを包み込む声の響きが辺りの空間を溶かし去り、夕暮れ間近のカリフォルニアの空と森に佇む曼荼羅の風景が、濃紺のシルエットとして浮かび上がってきました。

「見てみろ。あの池に建つストゥーパを。本堂上の金色の**相輪**を。風に揺らぐ**タルチョ**（仏旗）や鈴の音を。蓮や金剛の印を。マニ車を。このオディヤン寺院の全てのシンボルが智慧の現れだ。あなたもこのプロジェクトに初期から参加してきただろ」

「**リグジン・ダ・ギュー**（持明者の象徴の相伝）」と、思わず呟きました。

一瞬前の憤怒の緊張空間の全てが、風に揺らぐ風鈴の音に解き放たれ、今ここの瞬間を感じ取りました。

リグジン・ダ・ギュー　ニンマ派のゾクチェンの伝わる三種の教えの相伝。「ギャルワ・ゴン・ギュー（最勝者による霊感の相伝）」法身普賢如来の智慧がそのまま禅定の境地としての相伝。「リグジン・ダ・ギュー（持明者の象徴の相伝）」智慧が形や色、音などに秘められた象徴を読み取る相伝。「ラメ・カギュー（師より口伝の相伝）」師から口伝を受ける事で智慧が伝わる相伝。

この夏の参籠の帰国前、私はリンポチェからチャペルに呼ばれ面授の機会を得ました。
「日本の山の中に作っている寺の建築は、次の段取りはストゥーパを作ることだったね。このレリックスを、更に法脈の印としてストゥーパに加えるとよい。そしてこれは、パンチェンラマ九世所蔵のタンカ（仏画）だ。お寺に祀るがよい」
リンポチェの柔和な笑顔が私を包み込み、私の硬い意志を確認された言葉でした。

円満成就の祈り

ブッダの**入滅**の時、釈尊は**マッラ族**によって荼毘に付され、遺骨である仏舎利はインド八カ所に**ストゥーパ**（仏舎利塔）が建立され、長く祀られてきました。その約二百年後、**アショカ王**によって塔から掘り出した仏舎利を更にインド全土八万四千カ所にストゥーパが建立されました。その後、ストゥーパはブッダの正法のシンボルとして、アジア全土に仏舎利信仰として広がっていきます。オディヤン寺院には一九八〇年に三三メートルのストゥーパが建立され、そこでは毎月法要が営まれています。
タルタン寺の三層吹き抜けの中央部には、本来のビジョンである九メートルのストゥー

入滅 (Nirvana)
釈尊が八十歳の時、クシナガラで入滅し涅槃に入った。

マッラ族 (Malla)
釈尊入滅後出家者は葬儀に関わる事ができず、在家のマッラ族が釈尊を麻布に包み鉄棺に入れ香木を積み荼毘に付した。遊行から帰った大迦葉が火を付けた。

ストゥーパ (Stupa)
釈尊の舎利は八分され八代国の王が各々仏舎利塔を建立した

アショカ王 (Asokah)
BC303-BC232
マウリヤ朝王、仏教を保護し第３次結集を行いインド全土に

パを建立することができました。オディヤン寺院のストゥーパ図面を約四分の一に縮尺し、木造軸組構造で骨格を作り、全体を板で覆い漆喰で塗り固めます。ストゥーパ上部十三輪の相輪内部のオベリスク型心柱に、お釈迦様の仏舎利、**迦葉仏**の仏舎利、パドマサムバヴァの遺髪、**バイローツァナ**直筆経典、ロンチェンパの脳、**ジグメリンパ**の右腕、**ジャムヤン・ケンツェ・ワンポ**の舎利等、師の法脈を守る三十七種の貴重な**レリックス**を納めています。

今後も、装飾や着色、未だ残る細部の完成に作業すべき箇所は多々ありますし、更に仏像や仏画や曼荼羅の製作など、まだまだやりたい事はいっぱいありますが、ストゥーパの全体像を完成することができた今、私の長年の誓願、師の法脈を守るお寺建立の請願を成就することができました。

私は梵鐘勧進活動以来から全国各地の霊地霊山に、大地を清め、地震による災害を鎮める働きをもつ、チベット仏教の塑像「**ツァツァ**」を日本の各地に奉納し続けています。特に東日本大地震以後、チベット大蔵経全巻と貴重な密教経典を**マイクロフィルム**に縮刷し、貴重なレリックスと共に封印したタルタン・トゥルクの特別のツァツァを、奉納してきました。末法の天地のバランスが崩れる災害の前に「大難を小難に、小難を無難に」と祈りながら、霊的なオブジェを奉納し続けています。

仏塔を建立した。

迦葉仏 (Kasyapa) 過去七仏の釈尊前の六仏。ネパールスワヤンブーナート仏塔に祀られている。

バイローツァナ (Vairotsana)AD8~9 パドマサムバヴァ25人の弟子の一人ウッディヤーナで学び多くの密教経典の翻訳を残した。

ジグメリンパ (zigme lingpa)1730~1798 ロンチェン・ニンティク埋蔵教法発掘者。この法脈は現在も多くのニンマ派修行者が学ぶ重要な行体系。

ジャムヤン・ケンツェ・ワンポ
(Jamyang Khyentse Wangpo) 1820-1892
19C超宗派運動の師。ジャムゴンコントゥル、チョギュールリンパと共に新旧タントラ文献、テルマ文献をリンチェンテルズに編纂。

レリックス (Relics)
貴重な聖なる遺品。

ツァツァ (TsaTsa)
仏塔を形どった粘土の塑像。経典やダラニ、レリックスを納め地に埋め清める。

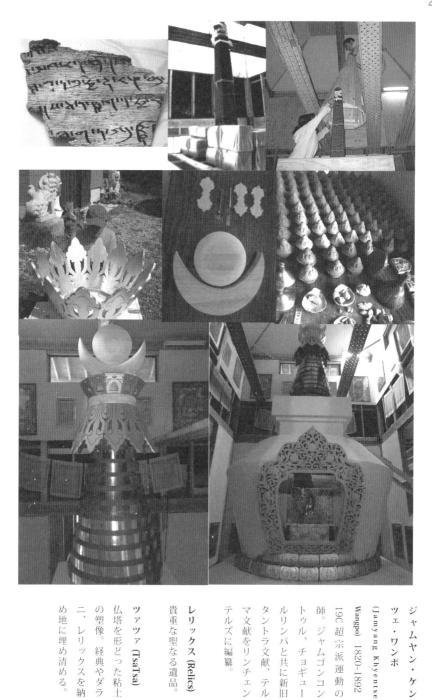

マイクロフィルム
データを保存する写真フィルムの記録媒体。現在多社が撤退する中富士フィルムのみが技術を伝える

師の法脈、ゾクチェンの教えの要訣は、「**本来清浄**」「**円満成就**（自然無為）」と言われます。
タルタン寺では、夫婦円満、家族円満、心の平安。この教えの実践が、禅定と祈りです。
心から霊性を感じ取り、神仏の加持を得て、常に天地人のバランスを祈っています。

世界平和は、足元からの一歩一歩、
一箇判箇の仏国土、
徳の味、平安、今日、ただ今、
安楽、極楽、大楽の、
祈りが自然と成就しますように。

日々の生活の中で、リラックスして、坦々と、生き生きと暮らすこと。
飛騨の密教修行は、続きます。

本来清浄 (Ka dag)
元々穢れのない純粋な本性。空性の智慧の本質。

円満成就 (lhun grub)
自然（じねん）無為努力することなく顕れる、そのままの在り方が既に完成していること。

大空を天翔る鳥は、菩薩のよう
利他と般若の二翼を持って
何ものにも頼ることなく
ただ、菩提の空を舞い上がる

・Tarthang・Tulku、『CRYSTAL MIRROR Series1~11』、Dharma Publishing、一九七二～年。
・Tarthang・Tulku、『Copper Mountain Mandala Mystic Land of ODITAN』、Dharma Publishing、一九八四年。
・Tarthang・Tulku、『TNMC COPPER MOUNTAIN MANDALA CORPORATION SOLE 50years』、Dharma Publishing、二〇一九年。
・Tarthang・Tulku、『Vision of Knowledge』、Dharma Publishing、一九九三年。
・Tarthang・Tulku、『Sacred Dimensions of Time & Space』、Dharma Publishing、一九九七年。
・Tarthang・Tulku、『Caring』、Dharma Publishing、二〇一八年。
・Tarthang・Tulku、『Practices on the Buddhist Path』、Dharma Publishing、二〇〇四年。
・Dzongsar Khyentse Rinpoche、『The Life and Times of Jamyang Khyentse Chokyi Lodro』、Shambhala Publications、二〇一七年。
・Tsele Natsok Rangdrol、『The Circle of the Sun』、Rangjung Yeshe Publications、一九八四年。
・Keith Dowman、『Spaciousness』、Dzogchen Now! Books、二〇一四年。
・Keith Dowman、『The Yeshe Lama』、Dzogchen Now! Books、二〇一四年。
・Christopher Wilkinson、『Atiyoga The Eighteen Tantras』、Christopher Wilkinson、二〇一八年。
・Thomas H Doctor、『SPEECH OF DELIGHT by Ju Mipham』、Snow Lion Publications、二〇一八年。
・タルタントゥルク林久義訳、『夢ヨーガ チベット仏教至宝の瞑想』、ダルマワークス、一九九八年。
・タルタントゥルク林久義訳、『秘められた自由の心 カリフォルニアのチベット仏教』、ダルマワークス、一九九四年。
・吉福伸逸、『トランスパーソナルセラピー入門』、平河出版社、一九八九年。
・ティモシー・リアリー山形浩生訳、『神経政治学』、トレヴィル、一九八九年。
・鈴木俊隆松永太郎訳、『禅マインドビギナーズマインド』、サンガ出版、二〇一二年。
・ケネスタナカ、『目覚める宗教 アメリカに出合った仏教ー現代化する仏教の今』、サンガ出版、二〇一二年。
・ビルモリソン・レニーミアスレイ、『パーマカルチャー農的暮らしの永久デザイン』、農山漁村文化協会、一九九三年。
・藤門弘、『ハンドメイド・ハウス 自分たちで家を建てるために』、山と渓谷社、一九八三年。
・ベイ＝ローレル・深町真理子訳、『地球の上に生きる』、草思社、一九七二年。
・曳地トシ・曳地義治、『無農薬で庭づくり オーガニックガーデンハンドブック』、築地書館、二〇〇五年。
・『香りと花のハーブ図鑑５００』、主婦の友社、一九九六年。
・EDITED BY JOHNPRENIS、『The Dome Builder's Handbook』、RUNNING PRESS、一九七三年。
・Bill Faring、『Odiyan Country Cookbook』、Dharma Publishing、一九七七年。
・林完次、『宙の名前』、光琳社出版、一九九五年。

謝辞：貴重な所蔵を快く掲載許可を戴きありがとうございます。

「『味』三笠宮殿下書」：東京コミュニティカレッジ所蔵
「天皇陛下と笹目秀和」：川崎嘉子氏所蔵写真
「高砂」：喜多川東観作
「ホワイトハウス公式写真」：キャメロン・スミス

あとがき　むすんでひらいて　五濁悪世の現成公案

本書は、美濃の円徳寺と尾張の甚目寺観音内法花院釈迦院でのチベット仏教講座の法話をまとめたものです。三十年前から始めた毎月一回行われる円徳寺でのチベット仏教講座に、毎回参加される方もおられ、求道心の深さに私自身が励まされています。

五年ほど前から本書の内容である日本の霊性をチベット密教の視点から捉え、古神道や修験道との行体系や瞑想実践のお話しをしてきました。二〇一八年春、令和の年号が発表された時、若い頃に出会った「味」の文字と「霊性（スピリチュアリティ）」を求めてきた私の人生を交えながら、講座の中で話してきました。そして還暦を過ぎた今、本書を著し、私自身の人生を改めて見つめ直す機会を得ることができ、嬉しく思っています。

本書の視点は日本的霊性に立っていますので、「西洋的霊性」には深く触れてはいませんが、古代ユダヤの霊性がアジアや日本に影響していることにも示唆しました。今の世界中で何が起きているのかを理解するには、「西洋的霊性」を知らずしてはその本質を捉えることができません。

ここに西洋的霊性から、現代を読み取る興味深い話があります。
イエス・キリストが十字架に磔となった四十年後、エルサレムに住むユダヤ人たちはローマ帝国によって滅ぼされ、世界中に離散しました。そのままエルサレムの地にとどまったユダヤ人たちはパレスチナ人として今も生き残り、先の章で語ったユダヤ人景教徒たちはシルクロード経由で東に逃れ、ユダヤ教徒ユダヤ人たちの多くは西方の欧州や北アフリカなどに逃れたのでした。そして密かに長く世界各地で生き残りますが、中でもフランスに暮らしていたユダヤ人たちは、十五世紀フランス国王からキリスト教に改宗するように迫られます。この事態にトルコのコンスタンチノープルのユダヤ教パリサイ派総主教ウススは、一四八九年、フランスのユダヤ人に向けて手紙を書いた記録が残っています。これがユダヤ教神秘主義パリサイ派（最高評議会サンヘドリン）からの「ウススの手紙」です。

モーゼに従う親しい同胞達。汝等の報告によるとフランス國王が汝等にキリスト教に改宗せよと強制しているそうだが、やむを得ぬ、改宗せよ。但しモーゼの律法は決して忘れては成らぬ。彼等は汝等の財産を奪うとの事だが、されば汝らの子を商人に育て、将来はきっとキリスト教徒達の財産を身ぐるみ巻上げるがよいだろう。
又生命も危険も　危険にさらされているというが、それなら子供らを医者や薬剤師に育て、その内彼等の　生命を奪うが良い。

神殿の破壊に対しては子供らをキリスト教の神父にし、やがてキリスト教会を破滅に導く事だ。その他、様々な圧迫が知らされているが、子供達を弁護士や公証人にして、あらゆる問題に介入させねばならぬ。

こうして遂にキリスト達は汝等にひざまづき、汝等の世界支配の日は来たり、彼等への復習も達せられるだろう。ここに記した指図をよく守れ。そうすればあなた達の一時的な降伏も、やがて未来への栄光の道となるだろう。事実がきっと証明するに違いない。

１４８９年１１月２１日　コンスタンチノープルのユダヤ総主教ウスス

この五百年以上前に書かれたユダヤ教神秘主義パリサイ派、ウススの手紙は、現代の世界動向を知る上で欠かせない視点であると思います。私たち日本人は学校で世界史を習いますが、宗教史、精神史の中に息付く霊性の視点抜きでは、世界の本質と実体を捉えることはできないからです。

日本の時代転換は、中世以後は常に西洋との関わりから起こってきました。

中世から近世への転換の因は一五四三年、イエズス会のフランシスコ・ザビエルが種子島にキリスト教の布教と鉄砲をもたらしたことです。織田信長はこの二種の伝来を取り入れ、その力を背景に日本統一への流れを作ります。織豊時代のビジョンの終焉である関ヶ原の戦いから徳川幕府が起こり、二六八年間鎖国をした近世の江戸時代へと移行します。

近世から近代への明治維新の因は一八五三年、マシュー・ペリーが率いる米国海軍東インド艦隊の艦船四隻が、日本に来航したことです。この黒船来航が引き金となり、徳川幕府の政治体制が大いに揺るぎ、大政奉還から一気に明治維新を迎えます。

そして近代から現代への因は一九四五年、第二次世界大戦太平洋戦争の終戦です。連合国司令官ダグラス・マッカーサーが戦後日本の米軍占領を指揮します。昭和天皇との会談で戦後日本の方向性が決まります。太平洋戦争終戦が近代から現代への時代転換です。

中世から近世、近代、現代へと時代は移り、二〇一九年、令和元年末に中国武漢で発生した新型コロナウイルスは、その後世界中に蔓延しました。二〇二〇年、二一年と新型コロナウイルスが猛威を振るう中、東京オリンピックが開催されたことは、令和の時代を象徴する幕開けとなりました。令和の時代は、私たちの生き方と社会や人との関係性を根底から見直すべき新しい時代であると思います。それは本章でも触れたように、二十一世紀の世界を構成する資本主義、共産主義、政治システム、経済金融システム、医療システム、貧困社会問題、食料事情環境問題など、全てのシステム崩壊が起こり始めているからです。

その問題を捉える視点が、五濁悪世です。特に劫濁という時代の濁りは、戦争、貧困、疾病が蔓延すると説かれ、世界中が深刻な問題に直面しています。トランプ大統領時代に起きた共和党と民主党の各支持層の分断と対立の構図は、西洋原理主義と西洋神秘主義の激戦と見ることができます。また特に中東問題は、欧米キリスト教国家対中東イスラム教国家間における、絶対に互いが譲ることのない、絶対と絶対の霊的戦いです。そしてこの関係に、巨大軍事化した共産中国が交わり英米との対立構造が表面化し、三者それぞれが「一神教の絶対」を掲げる「三つ巴」の緊張が生じています。これが現在の世界情勢です。

日本では皇室の元秋篠宮家の眞子さんの結婚が、菊の結界の綻びと危惧します。同じ娘を持つ親として、秋篠宮殿下の御気持ちを察します。氣を離さず常に氣を繋げ続け、ご本人が国御霊の命(みこと)として国際社会での役割に目覚められる事を強く祈っています。

世界的大変換の時代は、誰も答えを持っていない未知の時代、まさに暗黒の時代、カリユガです。この刧濁の中で、私たち日本人が生き抜く令和の時代は、益々世界と深く関わり、各世界の霊的本質を知ることで、世界を開く智慧が求められます。

この智慧が、霊味です。それは、私たち自身の誰もの心の中に秘められた智慧に目覚めることです。分断を乗り越える融合の智慧こそが、五濁悪世の現成公案を開いていく鍵であり、本書の主題です。そして、日本の国御霊に目覚めた一人ひとりが新しい生き方を生き抜く時代、それが今です。私は、五年後十年後の令和の時代は、今とは全く違った世界が出現していると観想しています。それは今のあらゆる問題が根本から転換した新しい世界です。分かち合いと調和、喜びと信頼、安心と平安、いつも笑いのある生活が顕現している、そんな日本を観想しています。家庭単位社会の基本は地産地消自給自足、新たな技術と既存の技術を組み合わせた低エネルギーの生活、各地域のコンパクトな自立的暮らしが緩やかに繋がり、各地の特色ある知識と技術が相互に関わり合っている、地と血と智を重んじる霊性の祈りの日々は笑顔のある生活、個々の目覚めから自然と社会が変わり、日本から世界が変わります。そんな日本を霊視しています。それが、弥勒の世です。

最後に、長年私と精神の道を共に歩む妻と三人の子供たちに、心から感謝の気持ちを捧げたいと思います。子供たちには健全な個の確立から自立へと、そして超個のレベルへと各々が成長していくことを願っています。七年前に父が他界し、母と同居をしました。「あんたが何やっとるかわからんけど、信じとるでね」と、高校時代から私を支えてくれた親の恩に深く感謝しています。今年二十五年の時を経たスピリチュアルパートナーとは、ヘールボップ彗星の稀運から、末長く高砂の霊夢を妙好人として末永く生きられるよう、「くぁー、くぁー」と、青空に鳴きながら寿ぐことを祈ります。ありがとう。

令和三年、澄み渡る秋の青空、秋神にて

林久義

（要語は関連項目別に各分類）

著者：林久義

１９５９年、岐阜市生まれ。法政大学社会学部卒。
１９８４年、米国北カリフォルニアのソノマ郡、オディヤン寺院入門。
１９８６年、梵鐘勧進活動。
１９８８年、梵鐘勧進成就、オディヤン寺院参籠。
１９９２年、「静寂と明晰」翻訳、オディヤン寺院参籠。
１９９３年、ブッダガヤセレモニー参加、インド、ネパール、チベット巡礼。
１９９４年、「秘められた自由の心」翻訳、オディヤン寺院参籠。
１９９５年、ブッダガヤセレモニー参加、インド、ネパール巡礼。
帰国後オウム事件を憂い、以来オウム信者脱会カウンセリングを行なう。
１９９６年、ブッダガヤセレモニー参加、オディヤン寺院参籠。
１９９７年、飛騨に移住。
１９９８年、ブッダガヤセレモニー参加、「夢ヨーガ」翻訳。
１９９９年、オディヤン寺院参籠。
２０００年、ブッダガヤセレモニー参加、タルタン寺建設始める。
２００１年、ブッダガヤセレモニー参加、ネパール巡礼。
２００２年、チベット巡礼。
２００４年、オディヤン寺院参籠。
２００６年、ブッダガヤセレモニー参加、ブータン巡礼、オディヤン寺院参籠。
２００８年、「慈雨の光彩」著作。
２００９年、ブッダガヤセレモニー参加、ネパール巡礼、オディヤン寺院参籠。
ネパールスワヤンブナート大修復プロジェクト参加。
２０１０年、チベット亡命１９５９写真展各地で行なう。
２０１１年、東日本大震災支援活動、脱原発脱放射能活動。
２０１３年、オディヤン寺院参籠。
２０１５年、「オウム信者脱会カウンセリング」著作。ネパール大震災支援活動。
２０１９年、「チベット医学の瞑想ヨーガクムニェ」翻訳。
２０２１年、「令和と霊味の日本的霊性」著作。

http://oddiyana.com
oddiyana@gmail.com

令和と霊味の日本的霊性
ー飛騨の密教行者が語る自由の菩薩と弥勒の世ー

２０２１年１１月２３日 初版第１刷発行

著者：林久義

発行者：林まき
発行元 有限会社 ダルマワークス
〒 500-8241 岐阜県岐阜市領下 1675
Tel 050-5848-2120
E-mail:dharmaworks@oddiyana.com
発売元 株式会社 星雲社（共同出版社・流通責任出版社）
〒 112-0005 東京都文京区水道一丁目３－３０
Tel 03-3868-3275
Fax 03-3868-6588
印刷製本 株式会社 ファインワークス

ISBN978-4-434-29720-5 C0010

ダルマワークスの本（星雲社発売）

●静寂と明晰　― チベット仏教ゾクチェン修習次第 ―
著：ラマ・ミパム 解説：タルタン・トゥルク 訳：林 久義
19世紀のチベットの偉大なゾクチェンの成就者であり指導者であるラマ・ミパムの短い詩に基づいて、タルタン・トゥルクが伝授、解説したゾクチェン修習次第。倶舎論、中観を理論とし、止観から禅定へと導く正法の書。

●秘められた自由の心　― カリフォルニアのチベット仏教 ―
著：タルタン・トゥルク 訳：林 久義
自己観察、呼吸法、マントラ、観想法など、意識の目覚めへとあなたを導く、チベット転生ラマ、タルタン・トゥルクが語る、やさしい仏教心理学の理論と実践。

●夢ヨーガ　― チベット仏教 至宝の瞑想 ―　著：タルタン・トゥルク 訳：林 久義
悟りもまた、夢の一部。やさしい仏教心理学シリーズ。現代社会において、夢の本質を考察することで直感的に空性や心の本質を理解する仏教瞑想のガイドブック。

●慈雨の光彩 オンマニペメフン　―チベット仏教観世音菩薩成就法―　著：林 久義
観世音菩薩の秘密真言「オンマニペメフン」は、六道、六種根本煩悩、五智如来、チャクラなど、内なる多次元意識を開く鍵です。観音様の慈悲の光は遍く衆生に降り注ぎ、目覚めた意識を開いてゆきます。やさしいチベット仏教入門書。

●オウム信者脱会カウンセリングー虚妄の霊を暴く仏教心理学の実践事例ー
今まで、なぜ家族の視点に立ったこの様な本が出てこなかったのか残念でなりませんでした。家族の会として子供全員を脱会させることが目標です。オウム家族の会（旧被害者の会）　会長 永岡弘行　出版によせて　著：林 久義

●チベット医学の瞑想ヨーガクムニェ　著：タルタン・トゥルク 訳：林 久義
ーリラックスとバランスの自然治癒力心身養生法ー
印度アーユルベーダ起源のチベット医学と密教口伝の瞑想ヨーガで、現代人を癒す理論と座法、呼吸法など実習の完全マニュアル書。

●令和と霊味の日本的霊性
ー飛騨の密教行者が語る自由の菩薩と弥勒の世ー　著：林 久義
味の字を密教の霊性の視点から読み解き、令和の時代に菩薩的生き方を提示する。